Achim Burkhardt
Ingo Dittrich
Robert Köhler

Erfolgsmuster des Multi-Channel-Managements deutscher Einzelhandelsunternehmen

Eine empirische Studie zu den Erfolgskriterien

Bibliografische Information der Deutschen Nationalbibliothek:
Die Deutsche Nationalbibliothek verzeichnet diese Publikation in der Deutschen Nationalbibliografie; detaillierte bibliografische Daten sind im Internet über http://dnb.dnb.de abrufbar.

© 2017 Prof. Dr. rer. pol. Achim Burkhardt, Prof. Dr.-Ing. Ingo Dittrich, Prof. Dr. rer. pol. Robert Köhler

Das Werk ist urheberrechtlich geschützt. Kein Teil davon darf ohne schriftliche Genehmigung der Autoren in irgendeiner Form reproduziert, übersetzt oder unter Verwendung elektronischer Systeme verarbeitet und vervielfältigt oder verbreitet werden.

Herstellung und Verlag: BoD – Books on Demand, Norderstedt

ISBN: 978-3-7431-5358-5

Inhalt

Abbildungsverzeichnis 8
1. Einleitung 14
   1.1. Problemstellung 14
   1.2. Ziele der Studie 18
   1.3. Aufbau der Arbeit 20
2. Begriffsabgrenzungen 21
   2.1. Einzelhandel 21
   2.2. Multi-Channel-Handel und Multi-Channel-Management 23
   2.3. Erfolgsfaktoren und Erfolgsfaktorenforschung 27
3. Erfolgsfaktoren im Multi-Channel-Handel 29
   3.1. Studie von PriceWaterhouseCoopers 2007 29
   3.2. Erfolgsfaktoren des Multi-Channel-Managements nach Ernst & Young 32
   3.3. Erfolgsfaktoren nach Heinemann 33
   3.4. Konsumentenbezogene Erfolgsfaktorenstudien 35
   3.5. Zusammenfassung 38
4. Konzeptionalisierung der Studie 39
   4.1. Strategische Optionen von Multi-Channel-Systemen 42
   4.2. Aspekte der Integration 44
   4.2.1. Standardisierung versus Differenzierung 44
   4.2.2. Koordination 45
5. Empirische Untersuchung 47
   5.1. Untersuchungsdesign und Stichprobencharakterisierung 47
   5.2. Ergebnisse 54
   5.2.1. Strategische Orientierung 54
   5.2.1.1. Gesamtstichprobe 54
   5.2.1.2. Kontrastierung mit dem Erfolg 55
   5.2.2. Ziele von Multi-Channel-Systemen 56
   5.2.2.1. Gesamtstichprobe 56
   5.2.2.2. Kontrastierung nach der strategischen Option 57
   5.2.2.3. Kontrastierung mit dem Erfolg 58
   5.2.3. Zielerreichung 60
   5.2.3.1. Gesamtstichprobe 60
   5.2.3.2. Kontrastierung nach der strategischen Option 61
   5.2.3.3. Kontrastierung mit dem Erfolg 62

5.2.4.	Zielrelevanz und Zielerreichung	63
5.2.5.	Zufriedenheit mit der Geschäftsentwicklung	64
5.2.5.1.	Gesamtstichprobe	64
5.2.5.2.	Kontrastierung nach der strategischen Ausrichtung	65
5.2.5.3.	Kontrastierung mit dem Erfolg	66
5.2.6.	Angebot von Multi-Channel-Leistungen	67
5.2.6.1.	Gesamtstichprobe	67
5.2.6.2.	Angebot von Multi-Channel-Leistungen - Kontrastierung nach der strategischen Option	70
5.2.6.3.	Angebot von Multi-Channel-Leistungen - Kontrastierung nach dem Erfolg	72
5.2.7.	Primärorganisation und sekundärorganisatorische Maßnahmen	74
5.2.7.1.	Gesamtstichprobe	74
5.2.7.2.	Primärorganisation und sekundärorganisatorische Maßnahmen - Kontrastierung nach der strategischen Option	77
5.2.7.3.	Primärorganisation und sekundärorganisatorische Maßnahmen - Kontrastierung nach dem Erfolg	81
5.2.8.	Controlling und IT	84
5.2.8.1.	Gesamtstichprobe	84
5.2.8.2.	Kontrastierung nach der strategischen Orientierung	88
5.2.8.3.	Kontrastierung nach dem Erfolg	90
5.2.9	Personalmanagement	94
5.2.9.1.	Gesamtstichprobe	94
5.2.9.2.	Personalmanagement - Kontrastierung nach der strategischen Option	95
5.2.9.3.	Personalmanagement - Kontrastierung nach dem Erfolg	96
5.2.10.1.	Beschaffung	98
5.2.10.1.	Gesamtstichprobe	98
5.2.10.2.	Kontrastierung nach der strategischen Orientierung	100
5.2.10.3.	Kontrastierung nach dem Erfolg	103
5.2.11	Logistik	105
5.2.11.1.	Gesamtstichprobe	105
5.2.11.2.	Logistik - Kontrastierung nach der strategischen Option	107
5.2.11.3.	Logistik - Kontrastierung nach dem Erfolg	109
5.2.12	Marketing	112
5.2.12.1.	Gesamtstichprobe	112
5.2.12.2.	Kontrastierung nach der strategischen Orientierung	117
5.2.12.3.	Kontrastierung nach dem Erfolg	120
5.2.13	Analyse der Standardisierungsindizes	124
6.	Zusammenfassung und Fazit	129

7. Literaturverzeichnis 135
8. Anhang 140

Abbildungsverzeichnis

Abbildung 1: Umsatzentwicklung im deutschen Einzelhandel und im Online-Handel im Vergleich (eigene Berechnungen auf der Basis von: o.V. 2016 e und o.V. 2016 f, S. 8) 15

Abbildung 2: New-Economy- und Old-Economy-Kultur im Vergleich (Heinemann 2011, S. 164) 17

Abbildung 3: Überblick über Befragungsinhalte der Studie (eigene Erstellung in Anlehnung an: Rudolph 2013, S. 34) 18

Abbildung 4: Übersicht zu Begriffsauffassungen zum Multi-Channel-Handel (Quelle eigene Darstellung) 23

Abbildung 5: Ergebnisse des vollständigen Untersuchungsmodells von Bauer und Eckhard (Bauer; Eckhard 2010, S. 115) 37

Abbildung 6: Konzeptioneller Bezugsrahmen der Studie (Quelle eigene Darstellung) 39

Abbildung 7: Strategische Ansätze des Multi-Channel-Managements (Quelle eigene Erstellung) 43

Abbildung 8: Koordinationsdimensionen in Handelsunternehmen (in Anlehnung an Swoboda; Anderer 2008, S. 15) 45

Abbildung 9: Stichprobe nach Branche (Anteile in %) 49

Abbildung 10: Stichprobe nach Mitarbeiteranzahl (Anteile in %) 49

Abbildung 11: Stichprobe nach Nettojahresumsatz (Anteile in %) 51

Abbildung 12: Umsatzentwicklung im Jahresdurchschnitt von 2012 bis 2015 51

Abbildung 13: Gesamtkapitalrentabilitätsentwicklung im
Jahresdurchschnitt von 2012 bis 2015 53

Abbildung 14: Marktanteilsentwicklung im Jahresdurchschnitt
von 2012 bis 2015 53

Abbildung 15: Gesamtstichprobe Strategische Optionen 54

Abbildung 16: Strategische Optionen nach Erfolg 55

Abbildung 17: Gesamtstichprobe Ziele Multi-Channel-Systeme 56

Abbildung 18: Kontrastierung der Ziele nach strategischen Optionen 57

Abbildung 19: Kontrastierung der Ziele mit dem Erfolg 58

Abbildung 20: Gesamtstichprobe Zielerreichung 60

Abbildung 21: Kontrastierung Zielerreichung nach der strategischen Option 61

Abbildung 22: Kontrastierung Zielerreichung mit dem Erfolg 62

Abbildung 23: Gegenüberstellung Zielrelevanz und Zielerreichung 63

Abbildung 24: Zufriedenheit mit Geschäftsentwicklung 64

Abbildung 25: Kontrastierung der Zufriedenheit Geschäftsentwicklung
nach strategischer Option 65

Abbildung 26: Kontrastierung der Zufriedenheit nach Erfolg 66

Abbildung 27: Prozentualer Anteil des Angebots von Multi-Channel-
Leistungen 67

Abbildung 28: Multi-Channel-Leistungen nach strategischen Optionen 70

Abbildung 29: Multi-Channel-Leistungen nach Erfolgsgruppen 72

Abbildung 30: Prozentuale Verteilung der Formen der Primärorganisation ... 74

Abbildung 31: Intensität der Nutzung sekundärorganisatorischer Maßnahmen; Darstellung in Mittelwerten (MW) 76

Abbildung 32: Intensität der Formalisierung; Darstellung in Mittelwerten (MW) 76

Abbildung 33: Organisationsansätze nach strategischen Optionen 77

Abbildung 34: Nutzung sekundärorganisatorischer Maßnahmen nach strategischen Optionen 78

Abbildung 35: Formalisierung nach strategischen Optionen 80

Abbildung 36: Primärorganisation und sekundärorganisatorische Maßnahmen nach Erfolgsgruppen 81

Abbildung 37: Sekundärorganisatorische Maßnahmen nach Erfolg 82

Abbildung 38: Formalisierung nach Erfolg 83

Abbildung 39: Gesamtstichprobe Integration von Multi-Channel-Systemen im Controlling 84

Abbildung 40: Gesamtstichprobe Integration von Multi-Channel-Systemen in der IT 86

Abbildung 41: Nutzungsintensitäten von Controlling-Instrumenten 86

Abbildung 42: Integration von Multi-Channel-Systemen im Controlling nach strategischen Optionen 88

Abbildung 43: Integration von Multi-Channel-Systemen in der IT nach strategischen Optionen 89

Abbildung 44: Nutzungsintensität von Controlling-Instrumenten nach strategischen Optionen 90

Abbildung 45: Integration von Multi-Channel-Systemen im Controlling – Erfolgreiche vs. wenig erfolgreiche Unternehmen 91

Abbildung 46: Integration von Multi-Channel-Systemen in der IT – Erfolgreiche vs. wenig erfolgreiche Unternehmen 92

Abbildung 47: Nutzungsintensität von Controlling-Instrumenten – erfolgreiche vs. wenig erfolgreiche Unternehmen................................ 92

Abbildung 48: Integration von Multi-Channel-Systemen im Personalmanagement - Gesamtstichprobe 94

Abbildung 49: Integration von Multi-Channel-Systemen im Personalmanagement nach strategischen Optionen 95

Abbildung 50: Integration Multi-Channel-Systeme im Personalmanagement – erfolgreiche vs. wenig erfolgreiche Unternehmen .. 97

Abbildung 51: Unterschiede hinsichtlich strategischer Beschaffungsaspekte 98

Abbildung 52: Integration von Multi-Channel-Systemen in der Beschaffung. 99

Abbildung 53 Unterschiede hinsichtlich strategischer Beschaffungsaspekte nach strategischen Optionen des Multi-Channel-Managements................ 101

Abbildung 54: Integration von Multi-Channel-Systemen in der Beschaffung nach strategischen Optionen 102

Abbildung 55: Unterschiede hinsichtlich strategischer Beschaffungsaspekte – Erfolgreiche vs. wenig erfolgreiche Unternehmen.. 103

Abbildung 56: Integration von Multi-Channel-Systemen in der Beschaffung – erfolgreiche vs. wenig erfolgreiche Unternehmen 104

Abbildung 57: Integration von Multi-Channel-Systemen in der Logistik I 105

Abbildung 58: Integration von Multi-Channel-Systemen in der Logistik II ... 106

Abbildung 59: Integration von Multi-Channel-Systemen in der Logistik nach strategischen Optionen I 107

Abbildung 60: Integration von Multi-Channel-Systemen in der Logistik nach strategischen Optionen II 108

Abbildung 61: Integration von Multi-Channel-Systemen in der Logistik – Erfolgreiche vs. wenig erfolgreiche Unternehmen I 109

Abbildung 62: Integration von Multi-Channel-Systemen in der Logistik – Erfolgreiche vs. wenig erfolgreiche Unternehmen II 110

Abbildung 63: Beispiele für Markenstrategien im Multi-Channel-Handel (eig Erstellung) 113

Abbildung 64: Markenstrategien 113

Abbildung 65: Standardisierung der Marketing-Mix-Instrumente 115

Abbildung 66: Standardisierung der Marketing-Prozesse 116

Abbildung 67: Markenstrategien nach der strategischen Orientierung 117

Abbildung 68: Standardisierung der Marketing-Instrumente nach der strategischen Orientierung 119

Abbildung 69: Standardisierung der Marketing-Prozesse nach der strategischen Orientierung 120

Abbildung 70: Markenstrategien nach dem Erfolg 121

Abbildung 71: Marketing-Instrumente nach dem Erfolg 122

Abbildung 72: Marketing-Prozesse nach dem Erfolg 123

Abbildung 73: Integrationsindizes Gesamtstichprobe 125

Abbildung 74: Integrationsindizes nach strategischer Orientierung 126

Abbildung 75: Integrationsindizes nach Erfolg 127

1. Einleitung

1.1. Problemstellung

Der Multi-Channel-Handel hat trotz Erlangens eines gewissen Reifegrades in den letzten 20 Jahren nichts von seiner Aktualität für den Einzelhandel eingebüßt. Entsprechend ist die Dynamik des Multi-Channel-Handels auch im Jahre 2015 mit einem Umsatzwachstum von 28 % im Non-Food-Handel sehr ausgeprägt (Heinemann 2016, S. 7).

Dies begründet sich einerseits in dem höheren Wachstumstempo des Online-Handels gegenüber dem gesamten Einzelhandel (siehe Abbildung 1). Mit einem durchschnittlichen jährlichen Wachstum in den Jahren von 2007 bis 2015 von 19,11 % übertrifft der Online-Handel das Wachstum des gesamten Einzelhandels im engeren Sinne von 1,22 % bei weitem. Folgerichtig stellt der Multi-Channel-Ansatz für den klassischen stationären Einzelhandel nicht nur eine interessante Profilierungsstrategie (vgl. Zentes; Swoboda; Foscht 2012, S. 138 ff.), sondern auch eine erfolgversprechende Wachstumsstrategie dar. Entsprechend wagen immer mehr Stationärhändler zusätzlich zu ihren Filialen den Schritt in den Online-Handel und werden somit zu Multi-Channel-Händlern (siehe zur Begriffsabgrenzung Abschnitt 2.2). Laut Heinemann bildete der Multi-Channel-Handel, bei dem das stationäre Geschäft den Lead-Channel darstellt, 2014 mit einem Umsatzwachstum von 51,5 % bei einem Online-Umsatz von 6,2 Mrd. Euro (Marktanteil von ca. 16 % am Online-Umsatz in Deutschland) eine der wachstumsstärksten Betriebsformen des Online-Handels (Heinemann 2016, S. 110).

Die Dynamik des Multi-Channel-Handels wird jedoch nicht alleine von ursprünglich stationären Einzelhändlern getrieben. Auch die so genannten Pure Player des Online-Handels wenden sich dem Multi-Channel-Handel zu. So plant Amazon laut Branchengerüchten nach der bereits 2015 erfolgten Eröffnung seiner ersten Filiale auf dem Campus der „Purdue University" die Eröffnung von bis zu 400 stationären Buchläden in den USA (o.V. 2016c). Ein weiteres Beispiel für diese Entwicklung stellen die Outlet-Stores von Zalando in Berlin und in Frankfurt dar (Bialdiga 2014).

Wachstumsimpulse erhält der Multi-Channel-Handel auch aus der rasanten Entwicklung des mobilen Internets. So nahm die Anzahl der Nutzer von Smartphones in Deutschland in nur sechs Jahren von 6,3 Millionen im Januar 2009 auf 45,6 Millionen im Februar 2015 zu (o.V. 2016 g). Im Jahr 2015 nutzten bereits 64 % der Smartphone-Inhaber ihre Geräte auch zum Einkauf im Internet (o.V. 2016 f, S. 40) und sorgten so für ein progressives Wachstum der mobilen Internetumsätze (Heinemann 2016, S. 6).

Abbildung 1: Umsatzentwicklung im deutschen Einzelhandel und im Online-Handel im Vergleich (eigene Berechnungen auf der Basis von: o.V. 2016 e und o.V. 2016 f, S. 8)

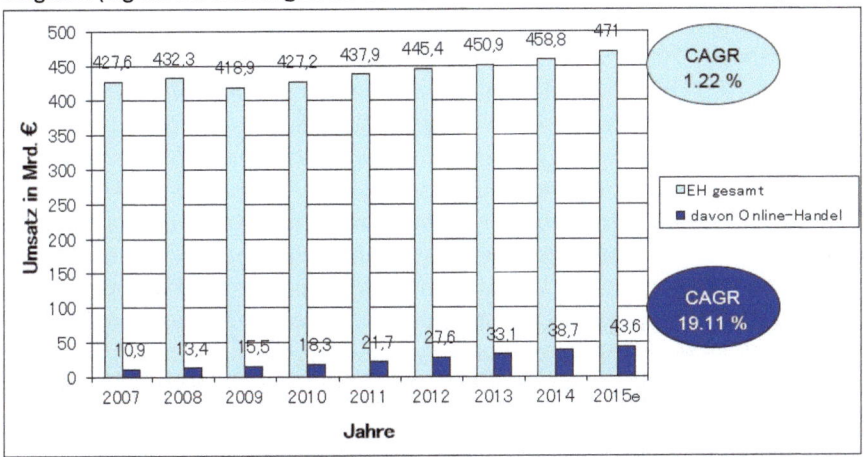

Die wesentliche Grundlage für die positive Entwicklung des Multi-Channel-Handels bilden die durch Multi-Channel-Systeme erfüllten Einkaufsmotive der Verbraucher. Laut einer Studie von Zaharia (Schröder 2005, S. 75 ff.) bei 525 Konsumenten kristallisierten sich die folgenden Einkaufsmotive als wesentlich für den Einkauf in Multi-Channel-Systemen heraus: Erlebnisorientierung, Risikoabneigung (Lieferung), Convenience-Orientierung, Risikoabneigung (Produkt und Zahlung) sowie Streben nach Unabhängigkeit. Während die Convenience-Orientierung sowie das Streben nach Unabhängigkeit der Konsumenten wesentliche Triebfedern des Erfolges des Online-Handels darstellen, können Multi-Channel-Systeme darüber hinaus auch das Motiv der Erlebnisorientierung erfüllen sowie eine Abfederung der Problematik der Risikoabneigung vieler potenzieller Kunden bei reinen Online-Anbietern gewährleisten. Insgesamt bieten Multi-Channel-Systeme den Verbrauchern somit ein den Einzelkanalanbietern überlegenes Nutzenangebot an (Heinemann 2011, S. 12 f.), das sich in dem zunehmend zu beobachtenden Konsumentenverhaltens des Channel-Hoppings (Nutzung unterschiedlicher Kanäle während des Einkaufsprozesses) manifestiert (Heinemann 2013, S. 19).

Aus dem beobachtbaren Verhalten des Channel-Hoppings resultiert im Wesentlichen die Forderung nach einer bestmöglichen Integration der verschiedenen Kanäle eines Multi-Channel-Systems im Einzelhandel. Den Verbrauchern soll durch die Integrationsmaßnahmen ein möglichst friktionsloses Wechseln der Kanäle während des Einkaufsprozesses ermöglicht werden (vgl. zur Forderung nach Integration der Kanäle z.B. Ergenzinger; Bamert 2010, S. 25; Heinemann 2011, S. 16; Schröder 2005, S. 12). Entsprechend wird ein abgestimmtes Cross-Channel-Management der Kanäle als erfolgskritisch für die Handelsunternehmen gesehen (Wagner 2013, S. 31). Und genau hier liegt die Herausforderung für das Management von Mehrkanalsystemen. Denn im Grunde geht es darum, eigentlich unterschiedliche Geschäftsmodelle wie den stationären Einzelhandel und den Online-Handel intelligent miteinander zu verknüpfen. Kernkompetenzen des stationären Einzelhandels, wie z.B. die Standortkompetenz, die Verkaufspersonalkompetenz, effiziente Filial-Bestandssteuerungsprozesse, ein standortbezogenes, wettbewerberorientiertes Pricing, die Gestaltung von Verkaufsräumen sowie die Warenpräsentationskompetenzen zählen im Online-Handel wenig (Heinemann 2011, S. 33 f.). Dagegen sind dort Kompetenzen wie kundenorientierte Geschäftsprozesse und uneingeschränkte Kundenorientierung, Schnelligkeit, Transparenz und Serviceorientierung, Geschwindigkeit der innerbetrieblichen Entscheidungs- und Arbeitsabläufe, Effizienz und „Durchlaufzeiten-Reduzierung" sowie eine kundenorientierte Rundumbearbeitung in den Prozessen relevant, die wiederum nicht zu den traditionellen Stärken des stationären Handels gezählt werden können (Heinemann 2014 S. 37 f.). Hinzu kommen kulturelle Unterschiede zwischen dem, der Old Economy angehörigen stationären Handel und der New Economy-Kultur, die in aller Regel im Online-Handel vorherrscht (siehe Abbildung 2). Diese kulturellen Unterschiede sind im Sinne einer Integration der Kanäle zu managen.

Entsprechend gilt es sich klar zu machen, dass das integrierte Multi-Channel-Retailing im Kern eine Konvergenz-Strategie darstellt und zwangsläufig mit einer Vielzahl von Kompromissen leben muss. So wird die Prozessgeschwindigkeit in Multi-Channel-Systemen aufgrund des in der Regel langsamer operierenden stationären Kanals selten die Geschwindigkeit eines Pure Players des E-Commerce erreichen können (z.B. bei der Reagibilität der Preispolitik). Auch im Rahmen der Sortimentspolitik ist aufgrund der Platzrestriktion im stationären Handel gegenüber dem reinen Online-Handel in der Praxis nicht davon auszugehen, dass in den Filialen ein ähnlich umfangreiches Artikelangebot realisiert werden kann wie im Online-Shop.

Abbildung 2: New-Economy- und Old-Economy-Kultur im Vergleich (Heinemann 2011, S. 164)

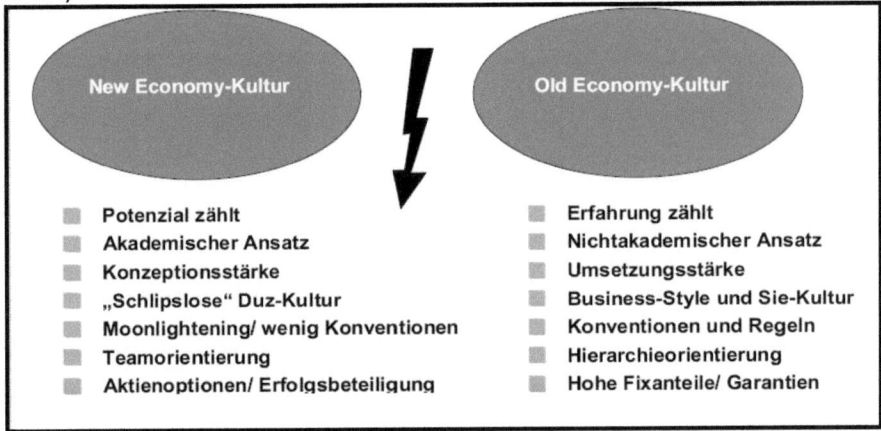

Eine optimale Integration der Sortimente im Sinne einer 1:1 Sortimentsstrategie (vgl. zu diesem Strategieansatz Heinemann 2011, S. 118) kann jedoch im Vergleich zum Online-Wettbewerb (Amazon bot in Deutschland im Jahr 2015 geschätzt 237 Millionen Produkte an) zu Wettbewerbsnachteilen im Sinne einer schlechter wahrgenommenen Sortimentskompetenz und damit zu einer Schwächung des gesamten Multi-Channel-Systems führen. Die in der Literatur zu der Integrationsproblematik gegebene allgemeine Empfehlung „Soviel Harmonisierung wie möglich und soviel Differenzierung wie sinnvoll" (Heinemann 2011, S. 46) ist zwar grundsätzlich richtig, erscheint jedoch vor den vielfältigen sich ergebenen Fragestellungen als für die Handelspraxis zu wenig konkret. Auf jeden Fall steigen mit zunehmender Integration der Koordinationsaufwand und somit tendenziell die mit der Koordination einhergehenden Komplexitätskosten (Schröder 2004, S. 14 f.).

1.2. Ziele der Studie

Die vorliegende empirische Studie hat sich entsprechend des holistischen Ansatzes eine Vielzahl von Zielen gesetzt. Klarer Schwerpunkt ist jedoch die Untersuchung des Integrationsgrades in den deutschen Multi-Channel-Systemen. Entsprechend hat die Studie den Anspruch, genauere Einblicke in die Erfolgswirksamkeit von Integrationsmaßnahmen in allen betroffenen Bereichen der unternehmerischen Wertschöpfungskette zu generieren.

Abbildung 3: Überblick über Befragungsinhalte der Studie (eigene Erstellung in Anlehnung an: Rudolph 2013, S. 34)

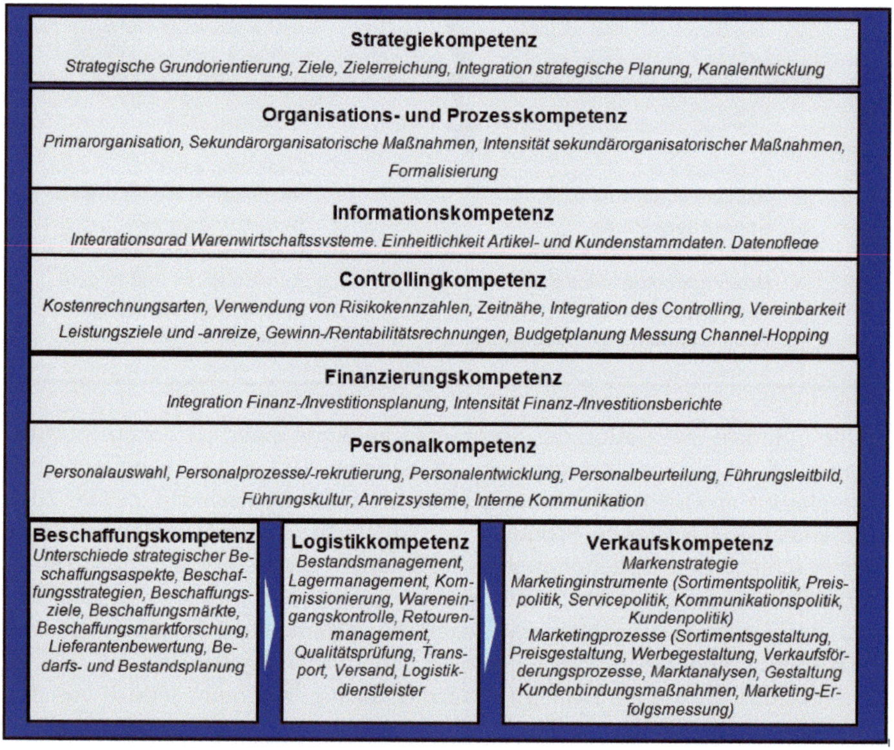

Strategiekompetenz
Strategische Grundorientierung, Ziele, Zielerreichung, Integration strategische Planung, Kanalentwicklung
Organisations- und Prozesskompetenz
Primarorganisation, Sekundärorganisatorische Maßnahmen, Intensität sekundärorganisatorischer Maßnahmen, Formalisierung
Informationskompetenz
Integrationsgrad Warenwirtschaftssysteme, Einheitlichkeit Artikel- und Kundenstammdaten, Datenpflege
Controllingkompetenz
Kostenrechnungsarten, Verwendung von Risikokennzahlen, Zeitnähe, Integration des Controlling, Vereinbarkeit Leistungsziele und -anreize, Gewinn-/Rentabilitätsrechnungen, Budgetplanung Messung Channel-Hopping
Finanzierungskompetenz
Integration Finanz-/Investitionsplanung, Intensität Finanz-/Investitionsberichte
Personalkompetenz
Personalauswahl, Personalprozesse/-rekrutierung, Personalentwicklung, Personalbeurteilung, Führungsleitbild, Führungskultur, Anreizsysteme, Interne Kommunikation

Beschaffungskompetenz	**Logistikkompetenz**	**Verkaufskompetenz**
Unterschiede strategischer Beschaffungsaspekte, Beschaffungsstrategien, Beschaffungsziele, Beschaffungsmärkte, Beschaffungsmarktforschung, Lieferantenbewertung, Bedarfs- und Bestandsplanung	*Bestandsmanagement, Lagermanagement, Kommissionierung, Wareneingangskontrolle, Retourenmanagement, Qualitätsprüfung, Transport, Versand, Logistikdienstleister*	*Markenstrategie Marketinginstrumente (Sortimentspolitik, Preispolitik, Servicepolitik, Kommunikationspolitik, Kundenpolitik) Marketingprozesse (Sortimentsgestaltung, Preisgestaltung, Werbegestaltung, Verkaufsförderungsprozesse, Marktanalysen, Gestaltung Kundenbindungsmaßnahmen, Marketing-Erfolgsmessung)*

Zunächst soll eine Bestandsaufnahme des deutschen Multi-Channel-Handels im Jahre 2016 erfolgen. Hierfür wurden die folgenden Fragestellungen zum gesamten Kompetenzbereich eines Multi-Channel-Unternehmens des Handels untersucht (siehe zum Überblick Abbildung 3):

- Strategiekompetenz (strategische Orientierung, Zielsetzungen des Multi-Channel-Handels und Zielerreichung),
- Prozess- und Organisationskompetenz (Primär- sowie Sekundärorganisation, Koordination)
- Ausgestaltung sowie Integrationsgrad der Kompetenzen des Kernprozesses (Beschaffung, Logistik und Marketing),
- Controllingkompetenz (Ausgestaltung und Integrationsgrad),
- Finanzierungskompetenz (Integrationsgrad)
- Informationskompetenz (Ausgestaltung und Integrationsgrad) und
- Personalkompetenz (Ausgestaltung und Integrationsgrad).

Weiterhin werden die obigen Fragestellungen hinsichtlich ihrer Erfolgswirksamkeit bezogen auf die ökonomischen Größen Umsatz-, Gesamtkaptalrentabilitäts- und Marktanteilsentwicklung untersucht. Hierzu erfolgt eine Unterscheidung nach Kontrastgruppen (Top-Performer versus Weak-Performer). Somit soll die Studie Aussagen über wesentliche Kriterien erfolgreicher Multi-Channel-Händler generieren.

Eine weitere Zielsetzung der Studie besteht darin zu identifizieren, ob sich die strategischen Grundorientierungen des Multi-Channel-Managements (fokussierter, integrierter und hybrider Ansatz) in unterschiedlichen Strategiemustern manifestieren.

1.3. Aufbau der Arbeit

Nach der Einleitung erfolgt in Kapitel 2 eine Abgrenzung der für die Studie relevanten Begriffe. Zunächst wird der „institutionelle Einzelhandel" definiert und abgegrenzt, da der Untersuchungsgegenstand der Studie sich ausschließlich auf diesen fokussiert. Weiterhin wird unser Begriffsverständnis des Multi-Channel-Handels geklärt. Auch dieses Verständnis ist relevant für die Selektion der zur Grundgesamtheit gehörenden Unternehmen. Darüber hinaus wird unser Verständnis der Begriffe „Erfolgsfaktoren" sowie „Erfolgsfaktorenforschung" verdeutlicht.

In Kapitel 3 wird ein Überblick über die Ergebnisse relevanter bisheriger Ausführungen zu den Erfolgsfaktoren des Multi-Channel-Handels gegeben, bevor in Kapitel 4 die Konzeptionalisierung der Studie vorgenommen wird.

In Kapitel 5 werden zunächst das Untersuchungsdesign sowie die Stichprobencharakteristik der empirischen Studie sowie die Operationalisierung der gemessenen Konstrukte vorgestellt. Weiterhin werden die Ergebnisse der Studie im Einzelnen jeweils für die Gesamtstichprobe (Statusdarstellung siehe Abschnitt 1.2), kontrastiert nach der strategischen Orientierung sowie nach dem Erfolg dargestellt.

Abschließend erfolgt in Kapitel 6 eine Zusammenfassung der Kernbefunde sowie der hieraus entstehenden Implikationen für den Multi-Channel-Handel.

2. Begriffsabgrenzungen

Das vorliegende Kapitel erläutert die der Arbeit zugrundeliegenden Begriffe und grenzt hierüber den Untersuchungsgegenstand der vorliegenden Studie ab.

2.1. Einzelhandel

Möchte man sich dem Begriff des Einzelhandels nähern, so ist es zunächst notwendig, sich zu vergegenwärtigen, was unter dem Begriff des Handels zu verstehen ist. Hierbei ist es wesentlich, zunächst die Tätigkeit des Handels (Handel im funktionellen Sinne) von den Trägern bzw. Institutionen, die Handel betreiben (Handelsbetriebe, Handel im institutionellen Sinne) zu unterscheiden.

Die Tätigkeit des Handels wird vom Ausschuss für Definitionen zu Handel und Distribution folgendermaßen definiert: „Handel im funktionellen Sinne liegt vor, wenn Marktteilnehmer Güter, die sie in der Regel nicht selbst be- oder verarbeiten (Handelsware), von anderen Marktteilnehmern beschaffen und an Dritte absetzen." (Ausschuss für Definitionen zu Handel und Distribution 2006, S. 18). Anzumerken ist, dass die Praxis den Begriff „im Allgemeinen auf den Austausch von Sachgütern, noch häufiger auf den Austausch von beweglichen Sachgütern eingeschränkt" (Ausschuss für Definitionen zu Handel und Distribution 2006, S. 18).

Kommen wir nun zu den Trägern der Tätigkeit des Handels. „Handel im institutionellen Sinne – auch als *Handelsunternehmung* oder *Handelsbetrieb* bezeichnet – umfasst jene Institutionen, deren wirtschaftliche Tätigkeit ausschließlich oder überwiegend dem Handel im funktionellen Sinne zuzurechnen ist" (Ausschuss für Definitionen zu Handel und Distribution 2006, S. 19).

Einzelhandel liegt vor, wenn Handelsware an den Endverbraucher verkauft wird. Auch hier lassen sich entsprechend Einzelhandel im funktionellen Sinne und Einzelhandel im institutionellen Sinne unterscheiden (Zentes; Swoboda; Foscht 2012, S. 4).

Im Rahmen unserer Studie wurden ausschließlich Einzelhandelsunternehmen im institutionellen Sinne in die Untersuchung einbezogen. Herstellerunternehmen oder auch Großhändler, die zwar über stationäre Marken- und Online-Shops im Sinne einer Vertikalisierungsstrategie auch an Endverbraucher verkaufen, deren Wertschöpfung aber primär aus der Hersteller- bzw. der Großhandelstätigkeit (Verkauf an Wiederverkäufer, Weiterverwerter, gewerbliche Verwender (Zentes; Swoboda; Foscht 2012, S. 3)) resultiert, wurden in die Untersuchung nicht mit einbezogen.

2.2. Multi-Channel-Handel und Multi-Channel-Management

Zum Begriff des Multi-Channel-Handels liegt eine Vielzahl an Definitionen vor, die eine sehr große Bandbreite unterschiedlicher Erscheinungsformen im Handel beinhalten (vgl. zur Verdeutlichung Abb. 4).

Abbildung 4: Übersicht zu Begriffsauffassungen zum Multi-Channel-Handel (Quelle eigene Darstellung)

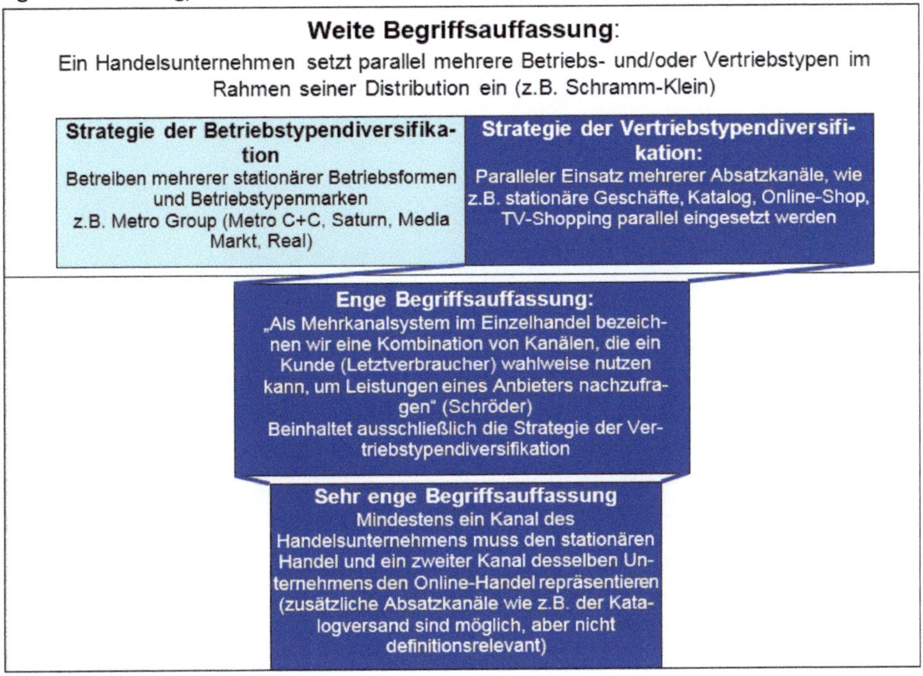

Weite Begriffsauffassung:
Ein Handelsunternehmen setzt parallel mehrere Betriebs- und/oder Vertriebstypen im Rahmen seiner Distribution ein (z.B. Schramm-Klein)

Strategie der Betriebstypendiversifikation
Betreiben mehrerer stationärer Betriebsformen und Betriebstypenmarken
z.B. Metro Group (Metro C+C, Saturn, Media Markt, Real)

Strategie der Vertriebstypendiversifikation:
Paralleler Einsatz mehrerer Absatzkanäle, wie z.B. stationäre Geschäfte, Katalog, Online-Shop, TV-Shopping parallel eingesetzt werden

Enge Begriffsauffassung:
„Als Mehrkanalsystem im Einzelhandel bezeichnen wir eine Kombination von Kanälen, die ein Kunde (Letztverbraucher) wahlweise nutzen kann, um Leistungen eines Anbieters nachzufragen" (Schröder)
Beinhaltet ausschließlich die Strategie der Vertriebstypendiversifikation

Sehr enge Begriffsauffassung
Mindestens ein Kanal des Handelsunternehmens muss den stationären Handel und ein zweiter Kanal desselben Unternehmens den Online-Handel repräsentieren (zusätzliche Absatzkanäle wie z.B. der Katalogversand sind möglich, aber nicht definitionsrelevant)

In einem sehr umfassenden Verständnis spricht man vom Multi-Channel-Handel dann, wenn ein Handelsunternehmen mehrere Betriebs- und/oder Vertriebstypen parallel im Rahmen seiner Distribution einsetzt (z.B. Schramm-Klein 2012, S. 421). Diese Definition umfasst zum einen die Strategie einer Betriebstypendiversifikation im Sinne des Einsatzes mehrerer stationärer Absatzkanäle. Entsprechend wäre beispielweise das Betreiben mehrerer stationärer Betriebsformen und Betriebstypenmarken der Metro Group (Metro C+C, Saturn, Media Markt, Real) eine Form des Multi-Channel-Handels. Zum anderen beinhaltet dieses weite Begriffsverständnis auch die Strategie der

Vertriebstypendiversifikation, bei der mehrere Absatzkanäle, wie z.B. stationäre Geschäfte, Katalog, Online-Shop, TV-Shopping parallel eingesetzt werden (Schramm-Klein 2012, S. 424).

Ein Vertreter des Ansatzes, den Multi-Channel-Handel im Sinne einer Vertriebstypendiversifikation aufzufassen, ist Schröder, der den Begriff folgendermaßen definiert: „Als Mehrkanalsystem im Einzelhandel bezeichnen wir eine Kombination von Kanälen, die ein Kunde (Letztverbraucher) wahlweise nutzen kann, um Leistungen eines Anbieters nachzufragen" (Schröder 2005, S. 6). Entsprechend dieses Begriffsverständnisses wäre auch die Betriebsform des „Hybriden Online-Handels" (Katalogversand und Online-Shop wie z.B. bei Otto) eine Form des Multi-Channel-Handels.

Wir folgen in unserem Begriffsverständnis der relativ engen Definition von Heinemann, die das Verständnis von Schröder nochmals eingrenzt und nach der die folgenden Kriterien zur Abgrenzung des Vorliegens von Multi-Channel-Systemen relevant sind (Heinemann 2013, S. 9 f.):

- Das Vorliegen einer Kombination von Absatzkanälen, welche ein Endverbraucher wahlweise nutzen kann, um Leistungen eines Anbieters nachzufragen;
- Mindestens ein Kanal des Handelsunternehmens muss den stationären Handel und ein zweiter Kanal desselben Unternehmens den Online-Handel repräsentieren (zusätzliche Absatzkanäle wie z.B. der Katalogversand oder das TV-Shopping sind möglich, aber nicht definitionsrelevant);
- Die Kanäle müssen Bestellung und somit Nachfrage zulassen. Ein Kaufabschluss muss in den betrachteten Kanälen möglich sein.

Entsprechend beinhaltet unser Begriffsverständnis die oben angeführte Betriebsform des „Hybriden Online-Handels" in puristischer Form ausdrücklich nicht. Sobald allerdings neben den Distanzhandelskanälen auch nur eine stationäre Verkaufsstelle betrieben wird, handelt es sich streng genommen um ein Multi-Channel-System im Sinne unserer Definition.

In der Nutzung von Mehrkanal-Systemen durch Konsumenten ist zunehmend das oben bereits beschriebene Channel-Hopping zu beobachten. Dieses Mehrkanalverhalten ist äußeres Zeichen für die Kundenbedürfnisse der Convenience sowie der Flexibilität. Es ist nachvollziehbar, dass diese beiden Bedürfnisse in idealer Weise nur durch integrierte Vertriebskanäle zu bewerkstelligen sind. Entsprechend entsteht aus der Verbraucherforderung heraus ein gewisser Zwang nach Integration der angebotenen Vertriebskanäle für Multi-Channel-Systeme (Buschmann 2016, S. 2). Wir folgen allerdings ausdrücklich nicht den Autoren, die versuchen, eine Abgrenzung von Begriffen im Bereich des Multi-Channel Retailings durch den Grad der Integration vorzunehmen. Nach deren Verständnis handelt es sich beim Multi-Channel-Handel um ein Angebot nicht integrierter Vertriebskanäle, während der Begriff des Omni-Channel-Handels die Weiterentwicklung im Sinne einer höheren Integration beinhaltet (Oeser o.J.). Wir sehen in der Unterscheidung nach dem Integrationsgrad sowie nach dem Standardisierungsgrad verschiedene strategische Optionen für das Betreiben von Multi-Channel-Systemen im Handel.

Entsprechend können nach unserem Verständnis Multi-Channel-Systeme sowohl einen fokussierten strategischen Ansatz (einzelne Absatzkanäle operieren getrennt voneinander und werden kaum koordiniert; unterschiedliche Kundenansprache in den Kanälen; nur geringe Ausschöpfung von Synergien), einen hybriden Ansatz (Kanäle mehr oder weniger lose miteinander verbunden, koordinieren hauptsächlich ihre Kundenansprache, Warenwirtschaftssysteme und CRM-Systeme arbeiten weitgehend separiert, Markengestaltung wird harmonisiert, Synergien werden nur ansatzweise ausgeschöpft) oder einen integrierten Ansatz (vollständige Koordination und Abstimmung der Kanäle untereinander; Aufgaben und Rollen der einzelnen Kanäle sind klar abgegrenzt; Warenwirtschaftssysteme und Informationssysteme arbeiten kanalübergreifend; größtmögliche Ausschöpfung von Synergien und Cross-Selling-Potenzialen) verfolgen (vgl. Heinemann 2011, S. 50 f.; vergleiche zur Abgrenzung der strategischen Optionen Kapitel 4.1).

Abzugrenzen ist unser Begriffsverständnis des Multi-Channel-Handels auch von dem Begriff des No-Line-Handels, der nach Heinemann als höchste Evolutionsstufe des Multi-Channel-Handels zu bezeichnen ist, sich aus einem integrierten Cross-Channel-Management in einer sehr ausgeprägten Form ergibt und einen Mobile-Commerce-Kanal voraussetzt, den die Konsumenten parallel zum stationären Einkauf nutzen können (Heinemann 2013, S. 10). Nach unserer Auffassung ist der No-Line-Handels lediglich eine spezifische Ausprägung des Multi-Channel-Handels, der in erster Linie neben dem stationären Internet noch das mobile Internet als weiteren Vertriebskanal umfasst.

Bleibt zum Abschluss dieses Abschnitts noch der Begriff des Multi-Channel-Managements bzw. des Cross-Channel-Managements zu definieren. Hierunter verstehen wir „alle Aktivitäten eines Multi-Channel-Händlers, die auf die Abstimmung, Harmonisierung und/oder Integration der verschiedenen Kanäle abgestimmt sind." (Heinemann 2013, S. 10)

2.3. Erfolgsfaktoren und Erfolgsfaktorenforschung

Wir folgen Grimms weitem Begriffsverständnis, der strategische Erfolgsfaktoren als „diejenigen Elemente, Determinanten oder Bedingungen bezeichnet, die den Erfolg oder Misserfolg unternehmerischen Handelns (...) entscheidend beeinflussen" und „die in der Umwelt des Unternehmens, aber auch im Unternehmen selbst wirksam sind" (Grimm 1983 zitiert nach Müller-Hagedorn, Toporowski, Zielke 2012, S. 241). Synonyme zu dem Begriff des Erfolgsfaktors sind strategische Schlüsselfaktoren, strategische Erfolgspositionen oder auch Erfolgsdeterminanten (Müller-Hagedorn; Toporowski; Zielke 2012, S. 241).

„Die Erfolgsfaktorenforschung betrachtet den Erfolg als abhängige Variable und wirft die Frage auf, von welchen Bestimmungsgrößen (Erfolgsfaktoren) dieser abhängig ist." (Müller-Hagedorn; Toporowski; Zielke 2012, S. 240). Entsprechend der Definition der Erfolgsfaktoren können diese grundsätzlich in Maßnahmen des Unternehmens oder auch in Umfeldvariablen begründet sein.

Studien zur Messung von Erfolgsfaktoren können nach einer Vielzahl von Kriterien konzipiert und entsprechend unterschieden werden. Anzuführen sind hier die folgenden Unterscheidungskriterien (vgl. hierzu Schmalen, C.; Kunert, M.; Weindlmaier, H. (2006), S. 352 ff.):

- Kriterien zur Einteilung der Untersuchungsobjekte, wie der Branchenbezug (branchenübergreifend, nur eine Branche), die Reichweite (alle Unternehmen, spezifische Unternehmen, nur ein Unternehmen) sowie der Fokus (Gesamtunternehmen, nur Unternehmensbereiche);
- Kriterien zur Messung des Erfolges. Hier wird unterschieden nach dem Charakter in qualitative (psychografische Größen oder Zielerreichungsgrade) und quantitative Messgrößen (z.B. Wachstum, Rentabilität), nach der Anzahl der Erfolgsgrößen in einzelne und mehrere Messgrößen sowie nach dem Aggregationsgrad in verdichtete Verwendung der Messgrößen (z.B. Indizes mehrerer Größen) und in unverdichtete Verwendung;
- Angewendete Methoden: In diesem Zusammenhang sind nach dem Ansatz der Untersuchung explorative und konfirmatorische Studien, nach der Art der Datenerhebung qualitative und quantitative Studien und nach dem Einsatz der Erfolgsgrößen Gesamtanalysen, Analysen von Kontrastgruppen, Analysen von Erfolgen und Analysen von Misserfolgen zu unterscheiden.

Dem allgemeinen und langfristigen Trend der Erfolgsfaktorenforschung von Studien mit allgemeiner Gültigkeit hin zu Studien mit mittlerer Reichweite folgend (Studie besitzt nur Gültigkeit für ähnlich strukturierte Unternehmen; Trommsdorff 1991, S. 182), handelt es sich bei unserer Studie um eine Untersuchung mit klarem Branchenbezug (institutionelle Handelsunternehmen) und eingeschränkter Reichweite (Untersuchung beschränkt sich auf den Multi-Channel-Handel in Deutschland, siehe Abschnitt 2.2). Der Fokus liegt entsprechend dem strategischen ressourcenorientierten Ansatz (Zentes; Swoboda; Foscht 2012, S. 68 f.) auf den Kompetenzen des gesamten Unternehmens (siehe Abbildung 3). Als Kriterien zur Messung des Erfolges wurden relative quantitative Erfolgsgrößen wie die durchschnittliche Umsatz-, Gesamtkapitalrentabilitäts- und Marktanteilsentwicklung der letzten drei Jahre (2013-2015) herangezogen. Diese Erfolgsmaße wurden zu einem Indexwert aggregiert, der wiederum als Unterscheidung zur Analyse von Kontrastgruppen (Top Performer, Weak Performer) herangezogen wurde.

3. Erfolgsfaktoren im Multi-Channel-Handel

Das folgende Kapitel soll einerseits einen Überblick über Publikationen und Studien zu den Erfolgsfaktoren im Multi-Channel-Handel geben und andererseits die in Kapitel 4 erfolgende Konzeptionalisierung der vorliegenden Studie argumentativ vorbereiten.

3.1. Studie von PriceWaterhouseCoopers 2007

Die Erfolgsfaktorenstudie von PriceWaterhouseCoopers in Kooperation mit der Universität St. Gallen zum Multi-Channel-Management basiert auf einer Online-Befragung bei 535 deutschen, österreichischen und schweizerischen Händlern und Konsumgüterherstellern (Bovensiepen et. al. 2007, S. 15). Insgesamt nahmen 75 Unternehmen an der Untersuchung teil (Rücklaufquote von 14 %), wovon 27 % Händler waren (20 Unternehmen; Bovensiepen et. al. 2007, S. 16). In die Studie einbezogen wurden Hersteller, Händler und vertikal integrierte Unternehmen, welche Nahrungs- und Genussmittel, Gesundheitsartikel, Haushaltswaren, Kosmetik, Bekleidung, Elektronik oder andere Konsumgüter herstellen bzw. vertreiben (Bovensiepen et. al. 2007, S. 11). Außerdem war Teilnahmevoraussetzung, dass die Unternehmen ein Mehrkanalsystem mit mindestens zwei Kanälen betreiben, gleich in welcher Kombination (Bovensiepen et. al. 2007, S. 24).

Der Erfolg wurde durch Selbsteinschätzung der befragten Unternehmen mittels Ratingskalen auf folgende Items operationalisiert (Bovensiepen et. al. 2007, S. 15):
- Alle Absatzkanäle erzielen im Vergleich zum Wettbewerb hohe Umsätze;
- Alle Absatzkanäle generieren Umsätze vor allem mit solchen Produkten, die für mein Unternehmen mit hohen Margen verbunden sind,
- Alle Kanäle tragen zum Erfolg meines Unternehmens bei;

Zur Identifikation der Erfolgsfaktoren wurde auf Basis des Faktorwertes des Erfolgsbeitrags eine Kontrastierung in Low-Performer (n=20) und High Performer (n=20) vorgenommen (Bovensiepen et. al. 2007, S. 15).

Folgende allgemeine Erfolgsfaktoren stellten sich als signifikant für die Unterscheidung zwischen erfolgreichen und wenig erfolgreichen Mehrkanal-Betreibern heraus:

- **Marktabdeckung:** Top Performer: setzen signifikant mehr Kanäle ein als Low Performer (Bovensiepen et. al. 2007, S. 26 f.);
- **Standardisierung der Prozesse:** Die erfolgreichen Multi-Channel-Anbieter standardisieren das Front-End (Prozesse mit direktem Kundenkontakt) stärker als die Low-Performer (Bovensiepen et. al. 2007, S. 29). Die höhere Standardisierung der erfolgreichen Mehrkanal-Anbieter bezieht sich zwar auf alle untersuchten Prozesse (After-Sales-Prozesse, Lieferprozesse, Bestellprozesse, Akquisitionsprozesse und Kundenbedürfnisanalyseprozesse). Auf dem 5 % Niveau erwies sich jedoch die stärkere Standardisierung bei den After-Sales- und Akquisitionsprozessen als signifikant zur Erfolgskontrastierung (Bovensiepen et. al. 2007, S. 32);
- **Hohe Kundenorientierung:** Erfolgreiche Multi-Channel-Systeme zeichnen sich durch eine signifikant höhere Kundenorientierung aus. Dies bezieht sich auf alle in der Studie zur Messung herangezogenen Dimensionen (Qualität des After-Sales-Service; Systematische und regelmäßige Messung der Kundenzufriedenheit; Schaffung von zusätzlichen Werten für Kunden steht bei strategischer Ausrichtung im Mittelpunkt; Engagement, die Kundenbedürfnisse zu befriedigen, wird überwacht) (Bovensiepen et. al. 2007, S. 33);
- **Standardisierung des Marketing-Mix:** Top-Performer verfügen über alle Dimensionen hinweg über ein signifikant einheitlicheres Mehrkanalsystem. Dies bezieht sich auf eine aus Endkundensicht sehr ähnliche Gestaltung und Aufmachung der Produkte sowie des Produktumfeldes in allen Kanälen, auf eine hinsichtlich Art und Aufmachung sehr ähnliche Werbung in allen Kanälen, auf gleichartige Liefer- und Abholservices für die Produkte, auf den Einkauf zu den gleichen Öffnungszeiten in allen Kanälen und auf ein völlig gleiches Preisniveau für den Endkunden in allen Kanälen (Bovensiepen et. al. 2007, S. 36);
- **Verbundenheit der Kanalmitglieder zum Mehrkanal-System:** Diese ist bei Top Performern signifikant höher. Die Autoren der Studie sehen die Verbundenheit der Kanalmitglieder als Voraussetzung für die Erleichterung der Prozessstandardisierung sowie die Vereinheitlichung des Erscheinungsbildes (Bovensiepen et. al. 2007, S. 37).

Hinsichtlich der für das Mehrkanal-Management relevanten Erfolgsfaktoren ergaben sich die folgenden Ergebnisse:

- **Interaktion im Mehrkanalsystem:** Erfolgreiche Unternehmen setzen signifikant stärker auf eine zügige Reaktion auf Anfragen der Mitglieder einzelner Kanäle, auf Anreizsysteme zur kanalübergreifenden Zusammenarbeit sowie auf Belohnungen für besondere Leistungen der Mitglieder der einzelnen Kanäle (Bovensiepen et. al. 2007, S. 41);
- **Koordination des Mehrkanal-Systems (Steuerung und Abstimmung):** Signifikante Unterschiede auf dem 5 %-Niveau zeigen sich für Top-Performer in einer stärkeren Ausprägung hinsichtlich der drei Dimensionen „Rückgriff der Kanäle auf gemeinsame Ressourcen"; „Wissen der Top-Manager der Kanäle, wie sie ihre Wertschöpfung weiter erhöhen können" sowie einer „Integration aller Kanäle, um die Bedürfnisse der Zielmärkte zu befriedigen" (Bovensiepen et. al. 2007, S. 43);
- **Konfiguration des Mehrkanalsystems (Zuordnung der Leistungen zu den Kanälen):** Top Performer haben wesentlich präziser definiert, welche Leistungen und Produkte auf welchen Kanälen erbracht werden (Bovensiepen et. al. 2007, S. 44);
- **Systematik beim Aufbau neuer Kanäle:** Erfolgreiche Mehrkanalsysteme setzen signifikant höhere Anreize für die Unterstützung des Aufbaus neuer Kanäle, suchen frühzeitigeren Kontakt zu für den Aufbau geeigneten Personen, wählen die Kanäle systematischer aus und definieren klare Kriterien zur Auswahl potenzieller Kanäle (Bovensiepen et. al. 2007, S. 46);
- **Controlling:** Die Top-Performer betreiben ein ausgeprägteres Controlling (auf 10 % Signifikanzniveau) hinsichtlich der Kontrolle der Einhaltung der Preisfestsetzung, der Form der Kommunikation gegenüber Produktnutzern, der Einhaltung von Regeln; des Verhaltens der Mitglieder der Kanäle, der Analyse zukünftiger Zielgruppen und Absatzmittler sowie der Analyse wichtiger Markt- und Endkundeninformationen (Bovensiepen et. al. 2007, S. 48).

3.2. Erfolgsfaktoren des Multi-Channel-Managements nach Ernst & Young

Auf der Basis von Beratungsfällen bzw. Fallstudien identifiziert Ernst & Young insgesamt acht Erfolgsfaktoren für das Multi-Channel-Management (Wagner 2013, S. 31):

- **Kundenverständnis:** Voraussetzung für ein erfolgreiches Cross-Channel-Management ist ein fundiertes Verständnis für die Ansprüche und Motive von Kunden und Kundensegmenten;
- **Besonderheiten Kanalmix:** Die richtige Kanalauswahl ist nach Ernst & Young branchen-, warengruppen- sowie länderabhängig. Darüber hinaus sind Channel-Strategien oftmals kurzlebig und sollten alle ein bis zwei Jahre überprüft werden;
- **Verzahnung Strategie und Kanäle:** Ernst & Young-Analysen ergaben, dass Unternehmen, die mehrere Kanäle in enger Abstimmung mit ihrer Positionierung und Kundenstrategie betreiben, deutlich schneller wachsen als der Wettbewerb;
- **Cross-Channel Kompetenz:** Im Zusammenhang mit der Multichannel-Kompetenz wird im Sinne des Kundennutzens eine operative Integration aller Kanäle mit ausgeprägtem Cross-Selling als Erfolgsfaktor postuliert;
- **eCommerce Know-how:** Ausgeprägtes Know-how hinsichtlich der Positionierung sowie dem Betreiben von Online-Shops wird als Erfolgsvoraussetzung für Multi-Channel-Systeme angesehen;
- **Sortiments- und Pricing Konzeption:** Im Zusammenhang mit der Sortiments- und Preispolitik werden sehr abstrakt Systematik und Klarheit gefordert, die Kundenverwirrung vermeiden sollen;
- **Prozesse und Systeme:** Ernst & Young sieht eine Integration der Front-End-Prozesse mit direktem Kundenkontakt sowie eine konsequente Ausrichtung der Prozesse am Kunden als Erfolgsfaktoren für Multi-Channel-Systeme;
- **Kultur & Organisation:** Bezüglich der Organisation sowie der Kultur werden als Grundlage einer effektiven Organisationsstruktur vertikales Denken sowie vertikale Prozesse als erfolgsinduzierend angesehen. Separierte Organisationseinheiten je Kanal mit unterschiedlichen Anreizsystemen wirken kontraproduktiv hinsichtlich der Kundenansprache.

3.3. Erfolgsfaktoren nach Heinemann

Heinemann identifiziert sieben Erfolgsfaktoren für das Cross-Channel-Management mittels einer qualitativ-konfirmatorischen Analyse auf der Basis von über 150 Erfahrungsberichten aus diversen Online-Handelsunternehmen, mehr als 200 „Best Practice Case Studies" im Zeitraum zwischen 2007-2010 und vielen Expertengesprächen, die zum Thema des Multi-Channel-Managements geführt wurden (Heinemann 2011, S. 72).

Folgende Erfolgsfaktoren führt Heinemann an (Heinemann 2013, S. 61 ff.):
- **Koordinierte Kommunikation entlang der Wertschöpfungskette**
  Die koordinierte Kommunikation umfasst sowohl die Kundenführung innerhalb der einzelnen Kanäle als auch die Kommunikationskoordination über die Kanäle hinweg.
- **Kanalübergreifendes und zentralisiertes Customer-Relationship-Management**
  Zielsetzung ist die systematische Kundenbindung unter Nutzung der relativ gesehen günstigen Online-Kundengewinnung und -Conversion.
- **Kanalübergreifende Sortimentsfindungslösung**
  Erfolgskritisch ist die Entwicklung von systematischen Sortimentskonzepten mit der Festlegung, welche Sortimente und Sortimentsteile in welcher Breite und Tiefe in welchen Kanälen angeboten werden sollen.
- **Gemeinsamer, integrierter Markenauftritt**
  Durch einen gemeinsamen, integrierten Markenauftritt soll die Verwirrung der Konsumenten vermieden werden. Heinemann empfiehlt die Entwicklung breiterer Positionierungen (im Sinne identitätsbasierter Positionierungen), welche sowohl das Leistungsversprechen als auch kulturelle Aspekte enthalten.
- **Komplexitäts- und Durchlaufzeitenreduzierung**
  Die Komplexitäts- und Durchlaufzeitenreduktion muss nach Heinemann unter der Erkenntnis erfolgen, dass mit Online-Handel und Stationärhandel zwei unterschiedliche Geschäftssysteme zu integrieren sind. Die Komplexität des Gesamtsystems steigt mit zunehmender Integration an, die den Kunden ein friktionsloses Channel-Hopping ermöglichen soll. Berücksichtigt werden müssen dabei sowohl die steigende Komplexität bei der Integration der unterschiedlichen Kanäle ((Interkanal-Komplexität) als auch die Sicherstellung der Optimierung der Arbeitsabläufe innerhalb der einzelnen Kanäle (Intrakanal-Komplexität).

- **Kompetentes kanalübergreifendes Controlling**
  Im Rahmen des Controllings gilt es, entsprechend der Besonderheiten und der Unterschiedlichkeit der einzelnen Kanäle (Unterschiedliche Managementanforderungen und Kostenstrukturen) sowohl diese spezifisch fein zu steuern als auch die Kanäle übergreifend zu controllen. Der Schlüsselansatz nach Heinemann ist dabei die Kundenzentriertheit des Controlling-Ansatzes (Kundenverhalten im Rahmen der Customer Journey, kundenspezifische Deckungsbeitragsrechnungen unter Berücksichtigung der Ressourceninanspruchnahme während des Channel-Hoppings im Rahmen des Kaufprozesses).
- **Gemeinsame kanalübergreifende Unternehmenskultur**
  Erfolgswirksam ist in diesem Zusammenhang die Integration der „New Economy-Kultur" des Online-Kanals mit der „Old-Economy-Kultur" des stationären Handels (siehe hierzu Abbildung 2).

3.4. Konsumentenbezogene Erfolgsfaktorenstudien

Mittlerweile gibt es eine Vielzahl von Studien, die sich mit den Erfolgsfaktoren von Multi-Channel-Systemen aus Verbrauchersicht beschäftigen. Wir beschränken uns an dieser Stelle auf zwei Studien, die die Wirkung der Integration der Kanäle auf die Kundenperzeption untersuchen.

Als grundlegend ist zunächst einmal die Studie von Schramm-Klein zu nennen, die auf der Basis einer bei 2271 Konsumenten durchgeführten Online-Befragung im Zeitraum von Mitte Dezember 2001 bis Mitte Januar 2002 umfassend kausalanalytisch die Erfolgsfaktoren von Multi-Channel-Systemen untersucht hat (Schramm-Klein 2003, S. 215 ff.). Folgende Multi-Channel-Anbieter wurden in die Untersuchung einbezogen: Douglas, Media-Markt, Otto, Phönix/Buch.de, Quelle, Tchibo, Coop und Hussel. Für unsere Untersuchung besonders relevant sind die Fragestellungen, welche Gestaltungsparameter des Marketing-Mix die Wahrnehmung der Ähnlichkeit unterschiedlicher Kanäle beeinflussen und auf welche psychografischen Wirkungsgrößen sich diese durch den Verbraucher perzipierte Ähnlichkeit auswirkt.

Schramm-Klein konnte nachweisen, dass die wahrgenommene Ähnlichkeit der Kernleistungen des Multi-Channel-Systems, die Ähnlichkeit der Servicepolitik sowie die Ähnlichkeit der Gestaltung bzw. Kommunikation einen hochsignifikanten Einfluss auf die Beurteilung des Zusammenwirkens der Kanäle haben. Als geringfügig bedeutender gegenüber der Gestaltung/Kommunikation erwies sich der Einfluss der Ähnlichkeit der Kernleistungen (Schramm-Klein 2003, S. 238 f.). Gebildet wurden die ermittelten Faktoren durch folgende Aspekte (Schramm-Klein 2003, S. 233):
- die Ähnlichkeit der Kernleistungen durch die Ähnlichkeit des Produktangebots, die Ähnlichkeit des Preises und die Ähnlichkeit der angebotenen Marken,
- die Ähnlichkeit der Kommunikation/Gestaltung durch folgende Kriterien: Ähnlichkeit Gestaltung, Ähnlichkeit Werbung und Ähnlichkeit Namen bzw. Retail Branding,
- die Ähnlichkeit der Servicepolitik durch die Ähnlichkeit der Öffnungszeiten, die Erreichbarkeit, die Informationen sowie den Liefer- und Abholservice.

Das Zusammenwirken der Kanäle (abhängige Variable) wurde durch ein Adequacy-Importance-Modell ermittelt, das einerseits auf der Wahrnehmung der Integration von Funktionen zwischen den Kanälen des Multi-Channel-Systems und andererseits auf der Bewertung der allgemeinen Wichtigkeit der Integration solcher Funktionen für die Konsumenten basiert. Der Integrationsgrad wurde auf der Basis der Integration der Warenprozesse (zwischen Katalog und Geschäft und zwischen Internet und Geschäft), der Integration der Produktinformationen, der Preisinformationen sowie der Orientierungsinformationen abgebildet (vgl. Schramm-Klein 2003, S. 203).

Die wahrgenommenen Ähnlichkeiten des eingesetzten Handelsmarketing-Mix wirkten wiederum hochsignifikant auf das Vertrauen, das die Verbraucher den Multi-Channel-Systemen entgegenbringen, wobei sich das durch Schramm-Klein gemessene Vertrauen sowohl auf die einzelnen angebotenen Kanäle als auch auf das Vertrauen dem Gesamtunternehmen gegenüber beziehen (vgl. Schramm-Klein 2003, S. 244 f.). Den stärksten Einfluss der drei Marketing-Mix-Faktoren Ähnlichkeit Kernleistungen, Ähnlichkeit Gestaltung/Kommunikation und Ähnlichkeit Serviceleistungen auf das Vertrauen hat die Ähnlichkeit der Kernleistungen vor der Gestaltung/Kommunikation gefolgt von den Serviceleistungen (vgl. Schramm-Klein 2003, S. 245).

Schramm-Klein konnte außerdem nachweisen, dass der Integrationsgrad der Warenprozesse sowie der Integrationsgrad der Informations- und Orientierungsprozesse einen hochsignifikanten Einfluss auf die Einstellung gegenüber dem Multi-Channel-System haben. Hinsichtlich der Wirkung des Integrationsgrades auf die Einstellung sind die Informations- und Orientierungsprozesse relevanter als die Warenprozesse (vgl. Schramm-Klein 2003, S. 263).

Aufbauend auf den Ergebnissen von Schramm-Klein untersuchten Bauer und Eckhard in einer Online-Befragung bei 245 Probanten detailliert die Determinanten von Integrationsdefiziten und deren Konsequenzen auf die psychografischen Erfolgsgrößen Zufriedenheit und Wiederkaufabsicht (vgl. Bauer; Eckhard 2010, S. 114.)

Auf der Basis des LISREL-Ansatzes der Kausalanalyse ergaben sich als stärkste Einflussfaktoren auf perzpierte Integrationsdefizite bei den Konsumenten eine wahrgenommene Separation in der Nachkaufphase (kein Umtausch des online gekauften Produktes im Geschäft; keine Rückgabemöglichkeit online gekaufter Produkte bei Reklamationen im Geschäft; Problembehandlung nur durch den Kanal, bei dem gekauft wurde) sowie Informationsdefizite in der

Vorkaufphase (gleichzeitige Nutzung von Geschäft und Online-Shop in einem Kaufprozess ist nicht reibungslos; Eindruck, dass Online-Shop und Geschäft miteinander konkurrieren und keine problemlose Ergänzung der verfügbaren Absatzkanäle im Kaufprozess) (siehe zu den Ergebnissen Abbildung 5). Im Gegensatz zur den Ergebnissen der Studie von Schramm-Klein erwiesen sich Unterschiede in der Kernleistung Sortiment als nicht signifikant und Unterschiede im Preis als gering signifikant (p<0,1) wirksam auf die Integrationsdefizite. Bauer und Eckhard kommen entsprechend zu dem Schluss, dass „Konsumenten Unterschiede in der Preis- und Sortimentsgestaltung zwischen den Absatzkanälen on- und offline als gegeben hinnehmen" (Bauer; Eckhardt 2010, S. 117). Dieser Interpretation kann man sicherlich zustimmen, allerdings bleibt für die Handelspraxis natürlich die Frage, welcher Grad an Unterschieden hinsichtlich der Sortiments- und Preisleistungen durch den Verbraucher im Sinne einer empfundenen Ähnlichkeit der Sortimente noch akzeptiert wird. Diese Fragestellung kann die Studie nicht beantworten.

Bauer und Eckhard konnten nachweisen, dass empfundene Integrationsdefizite zum einen negativ auf die Zufriedenheit der Konsumenten und zum anderen deutlich negativ auf die Wiederkaufabsicht wirken.

Abbildung 5: Ergebnisse des vollständigen Untersuchungsmodells von Bauer und Eckhard (Bauer; Eckhard 2010, S. 115)

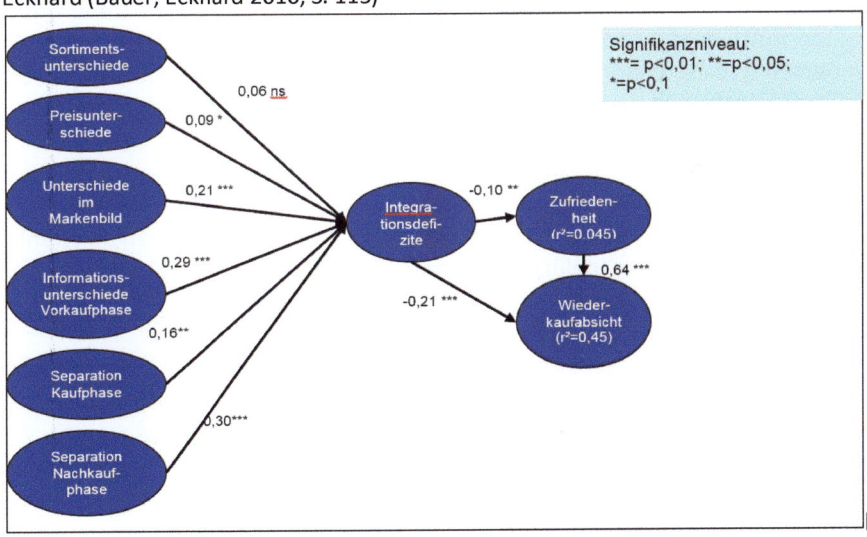

3.5. Zusammenfassung

Analysiert man die zuvor beschriebenen Studien und Ausführungen zu den Erfolgsfaktoren des Multi-Channel-Managements, so wird augenfällig, dass neben eher allgemeinen Faktoren wie einer hohen Kundenorientierung bzw. einem ausgeprägten Kundenverständnis sowie einer hohen Marktabdeckung durch eine hohe Anzahl von Kanälen (PWC und Ernst & Young) eine entsprechende operative Exzellenz, wie z.B. ein ausgeprägtes e-Commerce Knowhow (Ernst & Young) und ein intensives Controlling (PWC und Heinemann), angeführt werden. Darüber hinaus scheint die richtige strategische Konfiguration des Multi-Channel-Systems von hoher Bedeutung zu sein. In diesem Zusammenhang erweisen sich die Systematik beim Aufbau des Systems (PWC), die richtige Konfiguration („präzise Leistungszuordnung" bei PWC und „kanalübergreifende Sortimentsfindungslogik" bei Heinemann) sowie ein branchen-, warengruppen- und länderspezifisches differenziertes Kanalmix als wesentliche Erfolgsfaktoren (Ernst & Young).

Mit deutlichem Abstand am häufigsten werden jedoch Erfolgsfaktoren angeführt, die unter die Aspekte der Integration und der Koordination der Kanäle zu subsumieren sind. Die Integration der Kanäle ist hinsichtlich der Ermöglichung des Channel-Hoppings für die Verbraucher von wesentlicher Bedeutung und befördert die Einstellung zum System, das Kundenvertrauen, die Kundenzufriedenheit sowie die Wiederkaufabsicht. In den eher angebotsorientierten (ressourcenorientierten) Erfolgsfaktorenstudien dominieren neben der Integration der Prozesse (Ernst & Young) folgerichtig Aussagen zur Standardisierung der Prozesse (Heinemann, PWC) sowie des Marketing-Mix (PWC und Ernst & Young, Heinemann).
Im Rahmen der Koordination der Multi-Channel-Systeme wird auf die Notwendigkeit einer intensiven Interaktion bzw. Abstimmung zwischen den Kanälen sowie auf eine kanalübergreifende Unternehmenskultur hingewiesen (PWC, Ernst & Young, Heinemann).

Die dominante Bedeutung der Erfolgsfaktoren der Integration und der Koordination sowie der Umstand, dass sich die Fragestellungen von Standardisierung und Differenzierung (Integration) sowie Zentralisierung und Dezentralisierung (Koordination) im Hinblick auf die gesamte Wertschöpfungskette für die Unternehmen ergeben, rechtfertigen aus Sicht der Verfasser dieser Studie eine umfassende und tiefer gehende Untersuchung.

4. Konzeptionalisierung der Studie

Im Rahmen dieses Kapitels soll die grundlegende Konzeptionalisierung der vorliegenden Studie vorgenommen werden. Einen Überblick bietet Abb. 6.

Abbildung 6: Konzeptioneller Bezugsrahmen der Studie (Quelle eigene Darstellung)

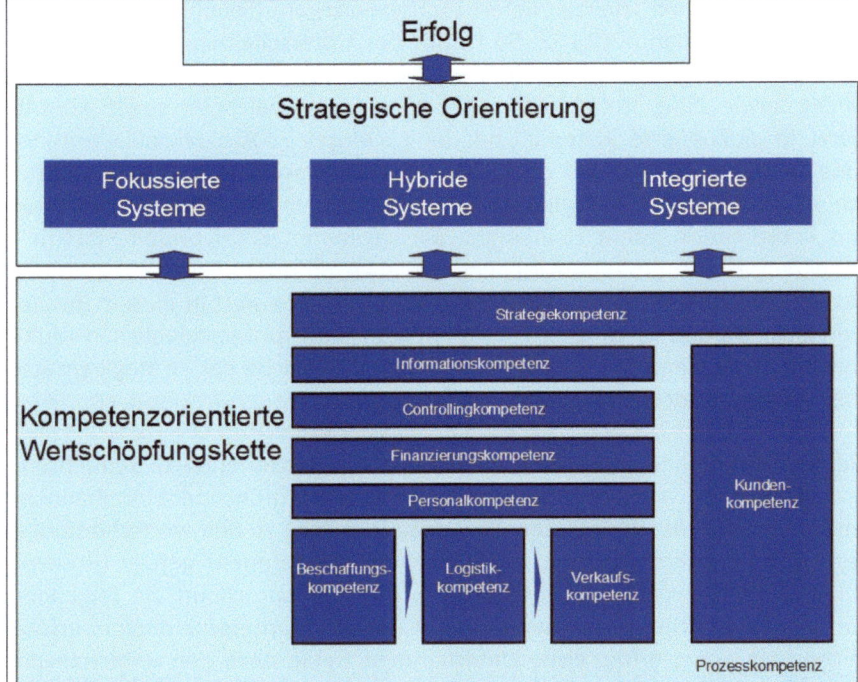

Wie bereits in Abschnitt 1.2 angedeutet, besteht der Anspruch der Studie darin, Erfolgsmuster zu identifizieren. Entsprechend werden marktorientierte und ökonomische Erfolgsgrößen erhoben, die von den befragten Mitarbeitern der Unternehmen gut zu beantworten sind, da die Größen in der Regel im Unternehmen vorliegen. Untersucht wurden konkret die durchschnittliche

Umsatz-, Gesamtkaptalrentabilitäts- und Marktanteilsentwicklung der letzten drei Jahre vor dem Befragungszeitpunkt (2013, 2014 und 2015).

In Kapitel 3 wurde deutlich, dass sich die Aspekte der Integration sowie der Koordination von Multi-Channel-Systemen in den analysierten Studien als wesentliche Erfolgsfaktoren herauskristallisiert haben. Entsprechend erfolgt auf der ersten Analyseebene der Studie eine Unterscheidung in strategische Grundorientierungen, die die Integration sowie die Koordination von Multi-Channel-Systemen als wesentliche Unterscheidungskriterien berücksichtigen. Einen Ansatzpunkt hierzu liefert Schobesberger (Schobesberger 2007, S. 35 ff.; Heinemann 2011, S. 50 f.) mit der Unterscheidung in „Integrierte Systeme", die sich durch ein hohes Maß an Integration der angebotenen Kanäle sowie eine umfangreiche Koordination auszeichnen sowie konträr hierzu in „Fokussierte Systeme", bei der die einzelnen Absatzkanäle getrennt voneinander operieren und entsprechend kaum koordiniert werden. Zusätzlich zu den beiden strategischen Extrempositionen hinsichtlich Integration und Koordination nennt Heinemann die sogenannten „Hybriden Systeme", bei denen es sich um eine Mischung aus abgestimmtem Gesamtsystem und flexibel gestalteten Einzelkanälen handelt. Uns interessiert in diesem Zusammenhang, ob und in welcher Häufigkeit sich diese unterschiedlichen Multi-Channel-Strategiemuster nachweisen lassen und welche der Strategieansätze eher erfolgsinduzierend sind.

Auf der zweiten Analyseebene erfolgt eine kompetenzorientierte Betrachtung der gesamten Wertschöpfungskette eines Multi-Channel-Einzelhandelsunternehmens. Hierzu wird dem Vorschlag Rudolphs zu den wertschöpfungsbezogenen Basiskompetenzen eines Handelsunternehmens gefolgt (Rudolph 2013, S. 32 ff.). Im Detail untersucht wurden entsprechend die folgenden Kompetenzbereiche, zum einen getrennt nach der Unterscheidung in erfolgreiche und wenig erfolgreiche Unternehmen sowie nach den unterschiedlichen strategischen Ansätzen:

- Strategiekompetenz (strategische Orientierung, Zielsetzungen des Multi-Channel-Handels und Zielerreichung),
- Prozess- und Organisationskompetenz (Primär- sowie Sekundärorganisation, Koordination)
- Ausgestaltung sowie Integrationsgrad der Kompetenzen des Kernprozesses (Beschaffung, Logistik und Marketing),
- Controllingkompetenz (Ausgestaltung und Integrationsgrad),

- Finanzierungskompetenz (Integrationsgrad)
- Informationskompetenz (Ausgestaltung und Integrationsgrad) und
- Personalkompetenz (Ausgestaltung und Integrationsgrad).

4.1. Strategische Optionen von Multi-Channel-Systemen

Entsprechend des Grades der Integration der Absatzkanäle sowie nach der Intensität der Koordination der Kanäle lassen sich, wie oben schon angeführt, folgende strategische Ansätze für das Management von Multi-Channel-Systemen unterscheiden (Schobesberger 2007, S. 35 ff., Heinemann 2011, S. 50 f.), die im Folgenden nun etwas genauer ausgeführt werden sollen.

Fokussierte Systeme

Die strategische Option der „Fokussierten Systeme" ist nach Schobesberger dadurch gekennzeichnet, dass die einzelnen Absatzkanäle weitgehend getrennt voneinander operieren. Dieser Ansatz des Multi-Channel-Managements wird auch als Multiples Channel System bzw. als isolierter Multi-Channel-Ansatz bezeichnet. Die einzelnen Kanäle arbeiten weitestgehend autark und werden entsprechend wenig koordiniert. Somit erfolgt in den Kanälen in aller Regel auch eine unterschiedliche Kundenansprache.

Integrierte Systeme

Kennzeichen dieses strategischen Multi-Channel-Management-Ansatzes ist eine weitgehende bzw. vollständige Koordination der Kanäle untereinander. Das Marketing in den einzelnen Kanälen sowie die Leistungsprozesse erfolgen weitestmöglich standardisiert. Grundvoraussetzung für die hohe Integration sind klar definierte und abgegrenzte Rollen und Aufgaben der einzelnen Kanäle. Das Controlling wird nicht nur kanalspezifisch, sondern kanalübergreifend auf der Basis kundenspezifischer Erfolgsrechnungen durchgeführt, die Warenwirtschafts- und Informationssysteme (einschließlich der CRM-Systeme) arbeiten kanalübergreifend auf der Basis einer für alle Kanäle gleichen Datengrundlage. Zielsetzung dieses Strategieansatzes ist die größtmögliche Ausschöpfung von Synergien sowie von Cross-Selling-Potenzialen.

Hybride Systeme

Diese strategische Option des Multi-Channel-Managements wird auch als „kombinierter Multi-Channel-Ansatz" bezeichnet. Es handelt sich um eine Mischung aus einem abgestimmten Gesamtsystem und flexibel gestalteten Einzelkanälen, wobei die Kanäle mehr oder weniger lose miteinander verbunden sind, jedoch in aller Regel ihre Kundenansprache koordinieren. Nach Heinemann erfolgen die Preis- sowie die Markengestaltung weitgehend standardisiert und werden entsprechend harmonisiert. Warenwirtschafts- und

Informationssysteme arbeiten häufig noch separiert, womit Brüche und somit Probleme beim Austausch der Kanäle untereinander aber auch gegenüber dem Kunden auftreten können.

Analysiert man die Ergebnisse der in Kapitel 3 vorgestellten Erfolgsfaktorenstudien, so kann man den Eindruck gewinnen, dass der nachhaltige Erfolg von Multi-Channel-Systemen durch den integrierten Ansatz des Multi-Channel-Managements am ehesten gesichert werden kann. Insgesamt wird die Notwendigkeit eines integrierten Ansatzes offensichtlich weitgehend als gegeben angesehen. Vergegenwärtigt man sich darüber hinaus die Ausführungen Heinemanns zu den strategischen Managementansätzen, so scheint es sich bei den Ansätzen, ausgehend von den fokussierten über den hybriden bis hin zum integrierten Managementansatz, um eine Reifegradentwicklung von Multi-Channel-Systemen hin zu den integrierten Systemen zu handeln (Heinemann 2011, S. 51).

Abschließend sind die Strategieoptionen des Multi-Channel-Managements in ihrer Zuordnung zum Standardisierungsgrad sowie zur Intensität der Koordination in Abbildung 7 dargestellt.

Abbildung 7: Strategische Ansätze des Multi-Channel-Managements (Quelle eigene Erstellung)

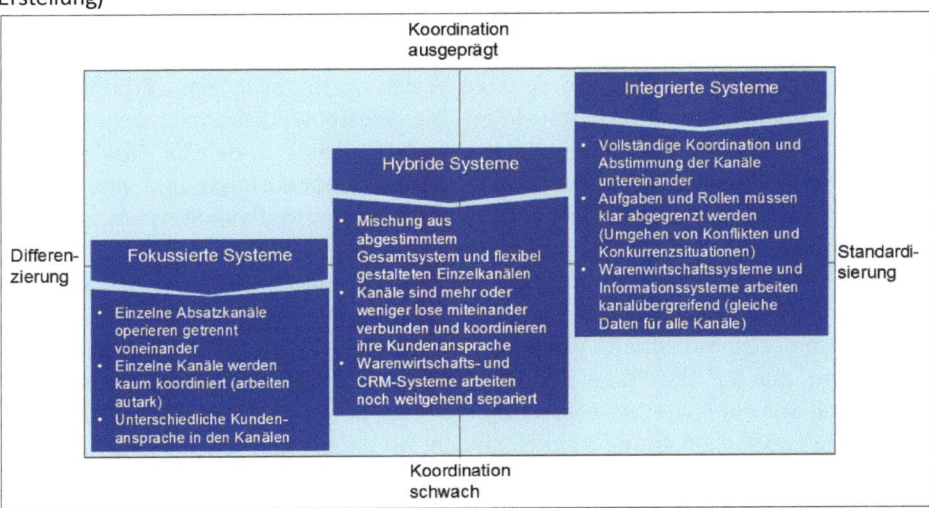

4.2. Aspekte der Integration

Hinsichtlich der beiden Aspekte Koordination sowie Standardisierungsgrad ist man sich in der Literatur uneinig, ob die Achsen, die auch wir zur Unterscheidung der Basisstrategien des Multi-Channel-Managements verwenden, als unabhängige Dimensionen aufgefasst werden können oder nicht (vergleiche zu dieser Diskussion im Kontext des internationalen Handelsmanagements Schwarz 2009, S. 121 f.). Aus unserer Sicht erscheint es plausibel, dass die Koordination sowie der Standardisierungsgrad nicht als voneinander unabhängige Dimensionen bezeichnet werden können, da in aller Regel mit einem höheren Standardisierungsgrad auch der Koordinationsaufwand in komplexen Systemen, die aus mehreren Kanälen und somit aus mehreren eigentlich unterschiedlichen Geschäftsmodellen bestehen, steigt. Dies wird auch aus der Einordnung der „Hybriden Systeme" in die Mitte des obigen Schaubildes deutlich. Wir sprechen an dieser Stelle daher von Aspekten der Integration.

4.2.1. Standardisierung versus Differenzierung

Die Fragestellung der Standardisierung oder Differenzierung wird meist in starkem Maße hinsichtlich der Marktbearbeitung diskutiert. So sind beispielsweise drei der sieben Erfolgsfaktoren Heinemanns der Marktbearbeitung zuzuordnen (Sortiment, CRM und Markenauftritt; Heinemann 2011, S. 91 ff.). Aus der Literatur zum internationalen Marketing ist abzuleiten, dass eine Differenzierung der Marktbearbeitung eher den Zielen der Marktpenetration, der Profilierung im direkten Wettbewerb sowie einer Erhöhung der kommunikativen Effektivität folgt. Die Wettbewerbsvorteile liegen unter Annahme unterschiedlicher Zielgruppenbedürfnisse in den Kanälen entsprechend in einer genaueren Erfüllung der Kundenbedürfnisse und einer besseren Fähigkeit, sich an kanalspezifische Änderungsnotwendigkeiten anzupassen. Bei der Standardisierung stehen als Zielsetzungen eine Harmonisierung des Marktauftritts inklusive der Betriebstypenmarke sowie die Nutzung von Synergien, mithin die Effizienz im Vordergrund (Schwarz 2009, S. 131). In diesem Zusammenhang gilt es zu betonen, dass sich die Marktbearbeitung nicht nur auf die Frage der Standardisierung des Marketing-Mix, sondern auch auf die Frage der Marketing-Prozesse bezieht. In unterschiedlichen Geschäftsmodellen gilt es zu entscheiden, ob die für den Kunden nicht sichtbaren Marketing-Prozesse, wie z.B. Prozesse der Sortimentsgestaltung, der Preisfindung und -festlegung oder der Erstellung von Markt- und Trendanalysen differenziert kanalspezifisch oder standardisiert kanalübergreifend erfolgen sollen (Schwarz 2009, S. 132).

Um der strategischen Orientierung eines Handelsunternehmens gerecht zu werden, genügt es jedoch nicht, sich nur mit der Marktbearbeitung zu beschäftigen. Fragen der Standardisierung bzw. Differenzierung betreffen in einem Multi-Channel-Unternehmen auch die Supply-Chain- sowie die Führungsprozesse und die Ausgestaltung von Organisationsstrukturen und -prozessen (Schwarz 2009, S. 130). Auch dies wird in den Erfolgsfaktorenstudien zum Multi-Channel-Handel deutlich (siehe Kapitel 3).

4.2.2. Koordination

Wir folgen in unseren Überlegungen zur Koordination Swoboda und Anderer, die drei Koordinationsdimensionen für Handelsunternehmen vorschlagen (Vgl. hierzu Abbildung 8).

Abbildung 8: Koordinationsdimensionen in Handelsunternehmen (in Anlehnung an Swoboda; Anderer 2008, S. 15)

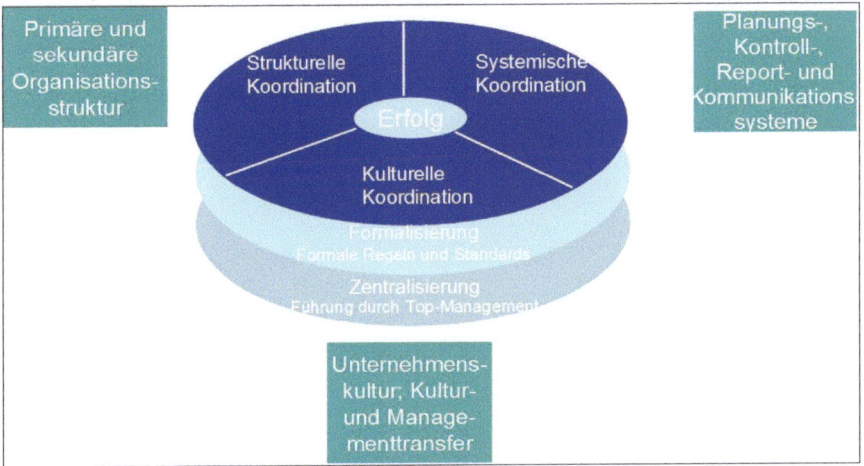

Es werden die strukturelle Koordination, in deren Rahmen die primäre und die sekundäre Organisationsstruktur festzulegen sind, die systemische Koordination, welche sich auf Planungs-, Kontroll-, Report- und Kommunikationssysteme bezieht sowie die kulturelle Koordination unterschieden, die die Aspekte der Unternehmenskultur und der Führungskultur umfasst (Schwarz

2009, S. 140). Unter der Sekundärorganisation werden Steuerungsinstrumente wie beispielsweise kanalübergreifende Projektteams verstanden, denen eine zentrale Rolle im Rahmen der Koordination von gewünschten Standardisierungsgraden zukommt.

Zusätzlich werden als Querschnittsdimensionen der Koordination die Zentralisierung und Formalisierung vorgeschlagen (informale Governance-Mechanismen). Diesen Mechanismen wird im Rahmen der Durchsetzung von Managementvorgaben eine wichtige Rolle bei der Implementierung zugestanden. Die Zentralisierung bezieht sich darauf, wie sehr die Unternehmenssteuerung zentral durch das Top-Management erfolgt, wohingegen die Formalisierung die formalen Regeln und Standards in einem Unternehmen betrifft (Schwarz 2009, S. 143).

5. Empirische Untersuchung

Im Rahmen dieses Kapitels werden zunächst das Untersuchungsdesign dargestellt und die Stichprobe beschrieben, bevor auf die Ergebnisse der Studie eingegangen wird.

5.1. Untersuchungsdesign und Stichprobencharakterisierung

Untersuchungsdesign
Die Erhebung zu der vorliegenden Studie erfolgte im Januar und Februar 2016 bei institutionellen Multi-Channel-Einzelhandelsunternehmen in Deutschland (siehe zur Abgrenzung Abschnitt 2.3). Als Grundlage für die Stichprobe dienten bei einem Adressdienst gekaufte Daten. Kriterium für die Einbeziehung in die Befragung war das Betreiben von mindestens zwei Kanälen, dem stationären Handel sowie dem Onlinehandel. Darüber hinaus konnten die selektierten Handelsunternehmen auch noch andere Kanäle betreiben. Die Befragung erfolgte telefonisch computergestützt auf der Basis eines standardisierten Fragebogens (zum Fragebogen siehe Anhang Seite 141ff.). Auf der Grundlage von etwa 1000 Adressen wurden die Unternehmen kontaktiert. Insgesamt konnten 48 Interviews realisiert werden. Dies bedeutet, dass die Studie keinen Anspruch auf Repräsentativität erheben kann, der Charakter ist vielmehr explorativ.

Es handelt sich um eine Erfolgsfaktorenuntersuchung mit Branchenbezug (institutionelle Handelsunternehmen) und eingeschränkter Reichweite (Untersuchung beschränkt sich auf den Multi-Channel-Handel in Deutschland). Der Fokus liegt entsprechend dem strategischen ressourcenorientierten Ansatz auf den Kompetenzen des gesamten Unternehmens. Als Kriterien zur Messung des Erfolges wurden relative quantitative Erfolgsgrößen wie die durchschnittliche Umsatz-, Gesamtkapitalrentabilitäts- und Marktanteilsentwicklung der letzten drei Jahre (2013-2015) herangezogen (vgl. hierzu Frage 17 des Fragebogens im Anhang). Diese Erfolgsmaße wurden zu einem Indexwert aggregiert (als gleich gewichtetes arithmetisches Mittel über die drei Erfolgsmaße), der wiederum als Unterscheidung zur Analyse von Kontrastgruppen genutzt wurde (Top Performer (Oberes Quartil hinsichtlich des Indexwertes, der Grenzwert lag bei einem Mittelwert von 3,92), Weak Performer (Unteres Quartil bezüglich des Indexwertes, der Grenzwert lag bei einem Mittelwert von 1,75)). In die Untersuchung zur Kontrastierung nach dem Erfolg konnten 44 Unternehmen einbezogen werden. Somit waren die beiden Gruppen Top Performer und Low Performer mit je 11 Unternehmen besetzt. Diese relativ geringe Fallzahl führt dazu, dass sich bei der Kontrastierung nach dem Erfolg keine signifikanten Unterschiede auf dem 5 %-Niveau ergeben haben, weshalb die vorgenommenen Interpretationen zu den Erfolgsmustern lediglich Tendenzen aufzeigen können.

Stichprobencharakterisierung

Die Charakterisierung der Stichprobe ergibt sich aus den Ergebnissen zu den Fragen 20-22 sowie aus der Frage 17 (siehe Fragebogen im Anhang):
- Frage 20: Welcher Handelsbranche gehört Ihr Unternehmen an?
- Frage 21: Wie viele Mitarbeiter beschäftigt Ihr Unternehmen?
- Frage 22: Wie hoch ist der Nettojahresumsatz Ihres Unternehmens?
- Frage 17: Nun wenden wir uns dem Erfolg Ihres Unternehmens zu. Wie erfolgreich waren Sie im Jahresdurchschnitt der letzten drei Jahre? Schätzen Sie den Erfolg der folgenden Aspekte bitte prozentual ein.

Branche:

Abbildung 9 zeigt die Branchenstruktur der Zielgruppe. Nach der Kategorie „Sonstige Branchen", die mit 19 Unternehmen am stärksten vertreten war, folgen der Textilhandel mit acht Unternehmen, der Lebensmittelhandel mit sechs Unternehmen sowie der Handel mit Geräten der Informations- und Kommunikationstechnik mit ebenfalls sechs Unternehmen. Entsprechend sind die umsatzstärksten Branchen im E-Commerce, der Textilhandel sowie der Handel mit Informations- und Kommunikationstechnik auch in unserer Stichprobe nennenswert vertreten. Deutlich über der Bedeutung im E-Commerce liegt der Anteil der Lebensmittelhändler in der Stichprobe. Hier kommt offensichtlich zum Tragen, dass sich der Lebensmittelhandel aktuell mit der Entwicklung zum Multi-Channel-Ansatz sehr intensiv beschäftigt.

Abbildung 9: Stichprobe nach Branche (Anteile in %)

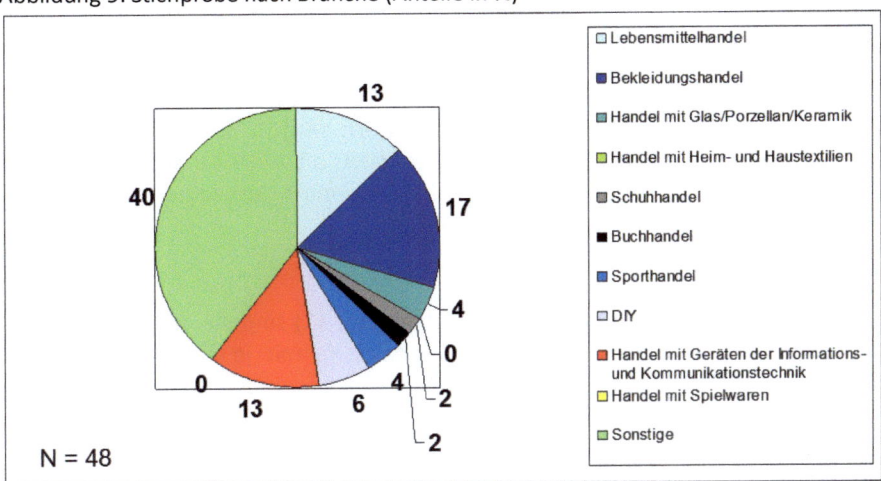

N = 48

Abbildung 10: Stichprobe nach Mitarbeiteranzahl (Anteile in %)

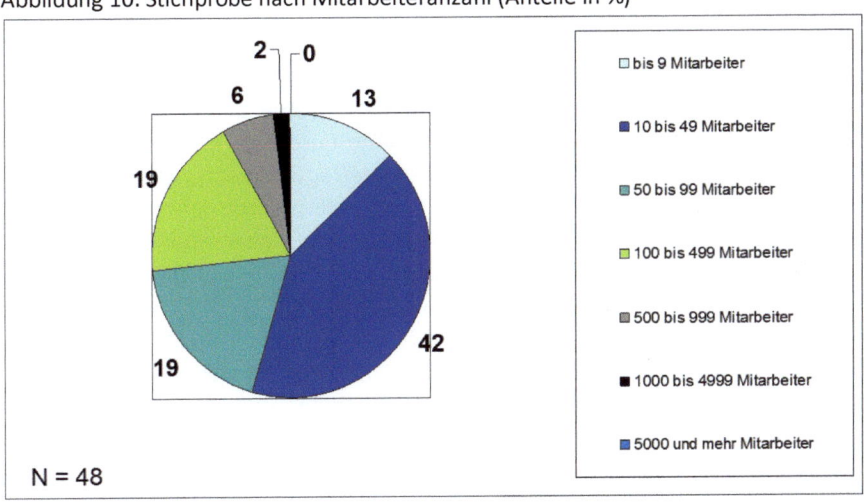

N = 48

Mitarbeiteranzahl:
Insgesamt 80 % der Stichprobe setzen sich aus Unternehmen zusammen, die zwischen 10 und 499 Mitarbeitern beschäftigen, wobei die in der Stichprobe am stärksten repräsentierte Mitarbeiterklasse mit 42 % bzw. 20 Unternehmen die Beschäftigtenklasse von 10 bis 49 Mitarbeitern darstellt. Die großen Marktteilnehmer mit über 5000 Mitarbeitern sind in der Stichprobe nicht vertreten und auch die Größenklasse von 1000 bis 4999 Mitarbeitern ist mit lediglich einem Unternehmen schwach repräsentiert (Abbildung 10).

Nettojahresumsatz:
Hinsichtlich es Nettojahresumsatzes (Abbildung 11) sind die drei anteilsmäßig am stärksten vertretenen Umsatzgrößenklassen mit je acht Unternehmen bzw. 22 % Anteil an der Stichprobe die:
- Unternehmen mit 1 Mio. € bis zu 2 Mio. € Nettojahresumsatz,
- Unternehmen mit 5 Mio. € bis zu 10 Mio. € Nettojahresumsatz und
- Unternehmen mit 10 Mio. € bis zu 50 Mio. € Nettojahresumsatz.

Auch für den Nettojahresumsatz gilt, wenig überraschend angesichts der Mitarbeiterzahl, dass die größte Umsatzklasse mit über einer Mrd. Euro Jahresumsatz nicht in der Stichprobe vertreten ist, wobei sich ein Unternehmen aus der Größenklasse zwischen 500 Millionen Euro und 1 Mrd. Euro an der Befragung beteiligt hat. Auch die kleinste abgefragte Umsatzgrößenklasse (bis eine Million Euro Jahresumsatz) ist nur mit einem Unternehmen vertreten, obwohl nach Zahlen des statistischen Bundesamtes insgesamt ca. 85 % aller institutioneller Einzelhandelsunternehmen (o.V. 2016 d, S. 12) lediglich einen Jahresumsatz von bis zu einer Million Euro realisieren.

Auf der Basis der Stichprobenverteilung kann man konstatieren, dass eher mittelgroße Handelsunternehmen in der Stichprobe unserer Untersuchung zu finden sind.

Abbildung 11: Stichprobe nach Nettojahresumsatz (Anteile in %)

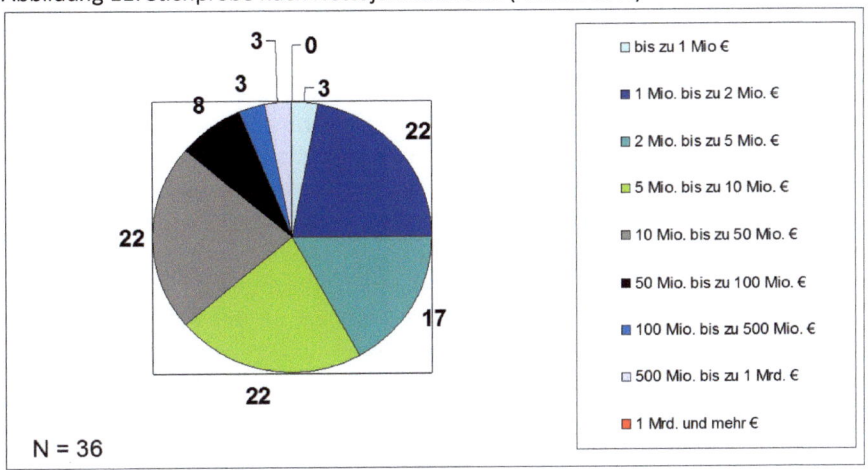

N = 36

Abbildung 12: Umsatzentwicklung im Jahresdurchschnitt von 2012 bis 2015

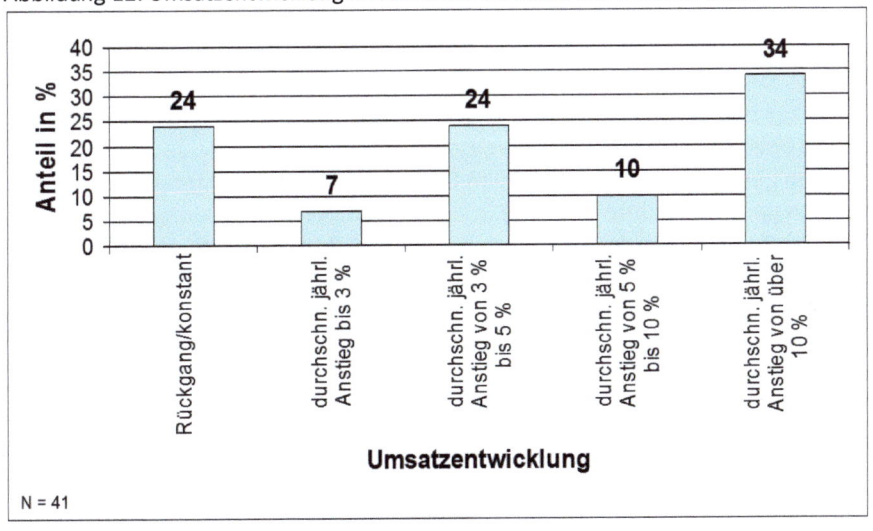

Umsatzentwicklung im Jahresdurchschnitt:
Die Umsatzentwicklung der Unternehmen der Stichprobe ist durch eine hohe Heterogenität geprägt (Abbildung 12). Mit 34 % Anteil an der Stichprobe (14 Unternehmen) am stärksten besetzt ist die Klasse mit einem durchschnittlichen jährlichen Umsatzanstieg von über 10 % während der letzten drei Jahre. Aber auch die Klasse, die sich aus Unternehmen zusammensetzt, die in den letzten drei Jahren durchschnittlich den Umsatz konstant gehalten bzw. einen Rückgang zu verzeichnen haben, weist einen Anteil von 24 % der Unternehmen (10 Unternehmen) auf. Die Zahlen belegen sehr eindrücklich, dass bei weitem nicht alle Multi-Channel-Einzelhandelsunternehmen an dem nach Berechnungen Heinemanns extrem starken Wachstum der Betriebsform des Multi-Channel-Handels partizipieren. Heinemann weist für das Jahr 2014 ein Wachstum der von uns untersuchten Betriebsform von 51,5 % gegenüber 2013 aus (vgl. Heinemann 2016, S. 110).

Gesamtkapitalrentabilitätsentwicklung
Bei Betrachtung der Gesamtkapitalrentabilität (siehe Abbildung 13) zeigt sich, dass die Klasse, die einen durchschnittlichen Rückgang bzw. eine Stagnation während der letzten drei Jahre zu verzeichnen hatte, mit 29 % der Unternehmen (12 Unternehmen) stark besetzt ist.
Der Anteil der Unternehmen, die durchschnittlich ihre Gesamtkapitalrentabilität um über 10 % steigern konnten, ist mit lediglich 15 % bzw. sechs Unternehmen gegenüber 34 % Anteil beim Umsatzwachstum (14 Unternehmen) deutlich geringer. Offensichtlich hält die Rentabilitätsentwicklung der Multi-Channel-Systeme mit der Umsatzentwicklung nicht Schritt. Dies kann man durchaus als Beleg dafür interpretieren, dass, wie in der Einführung bereits ausgeführt, bei Multi-Channel-Systemen mit zunehmender Integration der Koordinationsaufwand und somit tendenziell die mit der Koordination einhergehenden Komplexitätskosten steigen.

Marktanteilsentwicklung
Hinsichtlich der Marktanteilsentwicklung (Abbildung 14) verzeichneten 18 % der Unternehmen der Stichprobe (sieben Unternehmen) einen durchschnittlichen Anstieg von über 10 %. Insgesamt 55 % der Unternehmen hatten entweder einen Rückgang bzw. eine Stagnation bzw. einen durchschnittlichen jährlichen Anstieg des Marktanteils von bis zu 3 % zu verzeichnen. Dies deutet darauf hin, dass viele der mittelgroßen Handelsunternehmen, die in unserer Stichprobe ausgeprägt vertreten sind, mit der rasanten Entwicklung der Top-

Abbildung 13: Gesamtkapitalrentabilitätsentwicklung im Jahresdurchschnitt von 2012 bis 2015

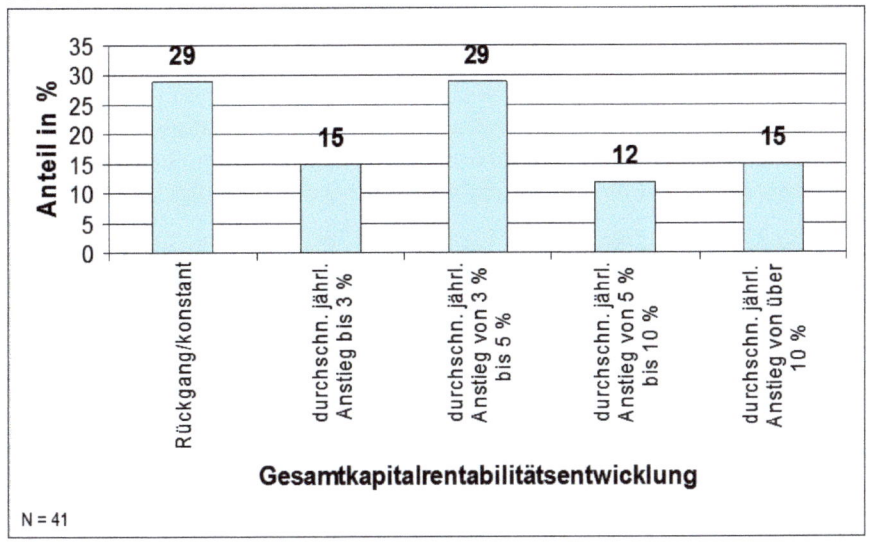

Abbildung 14: Marktanteilsentwicklung im Jahresdurchschnitt von 2012 bis 2015

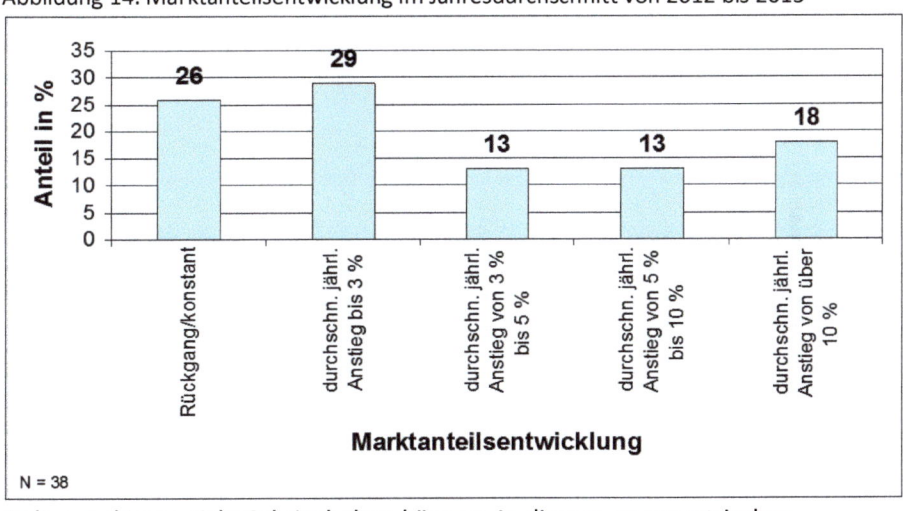

Online-Anbieter nicht Schritt halten können. In diesem asymmetrischen Wachstum liegen unter anderem die deutlichen Konzentrationstendenzen in jüngster Zeit im E-Commerce begründet (o.V. 2016 a).

5.2. Ergebnisse

5.2.1. Strategische Orientierung

Die Ausführungen zur strategischen Orientierung der befragten Handelsunternehmen basieren auf der Frage 4 unseres Fragebogens: „Kommen wir nun zu den strategischen Optionen des Multi-Channel-Managements. Geben Sie bitte an, welchen der Ansätze Ihr Unternehmen aktuell verfolgt."

5.2.1.1. Gesamtstichprobe

Unternehmen mit integriertem bzw. hybridem Ansatz machen 90 % der Rückläufe aus. Damit ist der Anteil an Unternehmen mit fokussiertem Ansatz eher gering. Das ist ein Hinweis darauf, dass Unternehmen im Multi-Channel-Handel eher integriert bzw. hybrid orientiert sind. Hier zeigt sich offensichtlich das Resultat eines mittlerweile jahrelang währenden Postulats zur Integration der verschiedenen Kanäle in der Literatur. Aufgrund des gesamten Rücklaufs von 48 Fragebögen werden die Ergebnisse gerade zum fokussierten Ansatz als qualitativ und nicht statistisch abgesichert gesehen.

Abbildung 15: Gesamtstichprobe Strategische Optionen

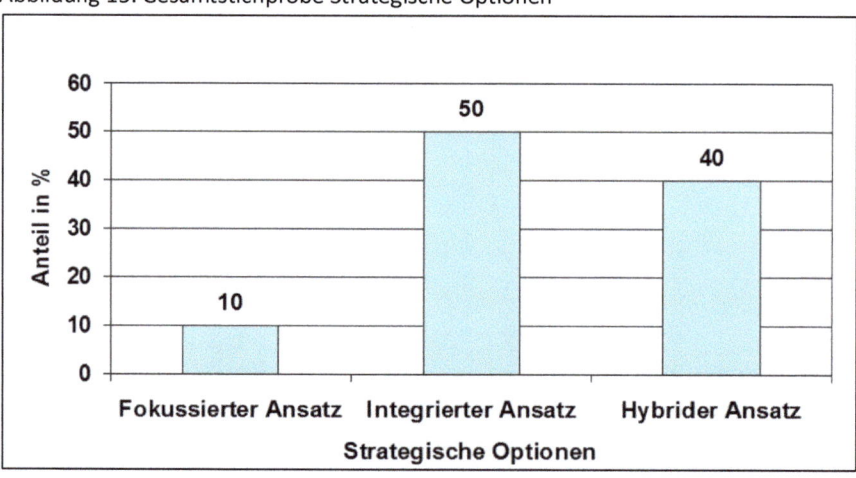

5.2.1.2. Kontrastierung mit dem Erfolg

Grundsätzlich sind mit allen drei Strategieansätzen Erfolge zu erzielen. Bei der Interpretation der Ergebnisse zu beachten ist, dass hier die Anzahl der erfolgreichen bzw. wenig erfolgreichen Unternehmen die Grundgesamtheit darstellen. Die Prozentzahlen der beiden Strategieoptionen addieren sich daher jeweils auf 100 %.

Tendenziell zeigt sich, dass die Unternehmen, die eine fokussierte Strategie verwenden, einen höheren Anteil erfolgreicher (18 %) als wenig erfolgreicher Unternehmen aufweisen (9 %). Zwei der fünf die fokussierte Strategie anwendenden Unternehmen sind folglich weit überdurchschnittlich erfolgreich. Das sind 40 % der Unternehmen.

Das Ergebnis des integrierten Strategieansatzes ist umgekehrt. Hier findet sich ein höherer Anteil wenig erfolgreicher Unternehmen (55 %) als erfolgreicher Unternehmen (45 %). 6 Unternehmen der 24 die integrierte Strategie anwendenden Unternehmen sind wenig erfolgreich, was einem Anteil von 25 % entspricht.

Abbildung 16: Strategische Optionen nach Erfolg

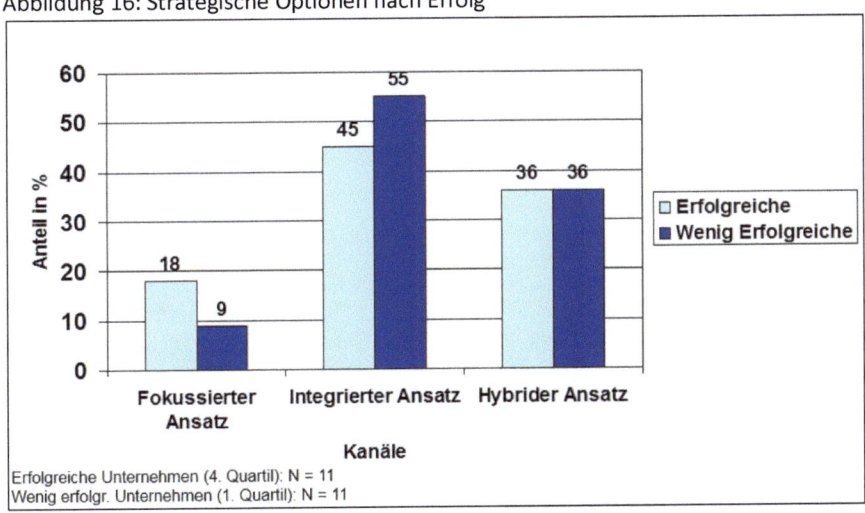

Beim hybriden Strategieansatz sind die Anteile erfolgreicher und wenig erfolgreicher Unternehmen gleich hoch (je 36 %). Mit dem hybriden Strategieansatz sind je 21 % (vier Unternehmen) der 19 diesen Ansatz verfolgenden Unternehmen überdurchschnittlich erfolgreich bzw. wenig erfolgreich

Dies führt zu der Gesamtaussage, dass integriert arbeitende Unternehmen ein höheres Risiko tragen, nicht erfolgreich zu sein, als Firmen mit den beiden anderen Strategieoptionen.

5.2.2. Ziele von Multi-Channel-Systemen

Grundlage der nachfolgenden Ausführungen bilden die Antworten auf die Frage 3 des Fragebogens: „Wie wichtig sind Ihnen in Ihrem Unternehmen die folgenden mit dem Multi-Channel-Handel verbundenen Ziele?"

5.2.2.1. Gesamtstichprobe

Insgesamt erweisen sich alle abgefragten Ziele für die Handelsunternehmen als relevant, da sie als wichtig bis sehr wichtig genannt werden (Abbildung 17).

Abbildung 17: Gesamtstichprobe Ziele Multi-Channel-Systeme

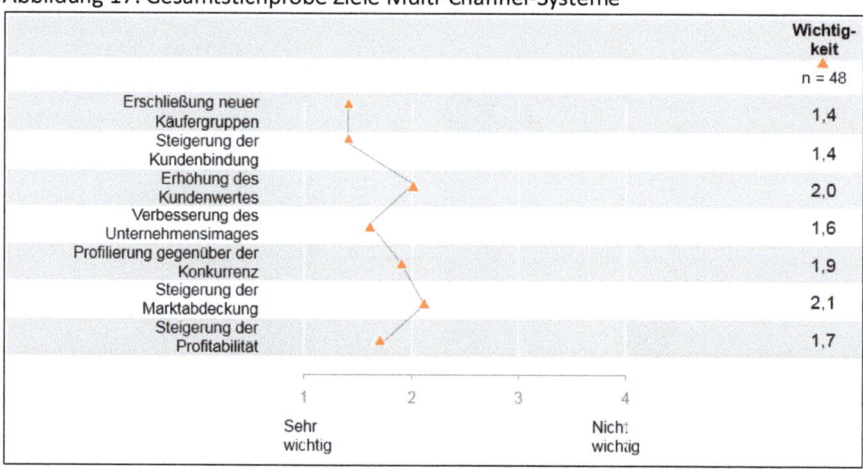

Die relevantesten Ziele sind die Erschließung neuer Käufergruppen sowie die Steigerung der Kundenbindung (MW je 1,4) vor der Verbesserung des Unternehmensimages (MW 1,6). An vierter Stelle folgt die Steigerung der Profitabilität (MW von 1,7). Die geringste Relevanz weisen die Ziele der Erhöhung des Kundenwertes (MW 2,0) sowie die Steigerung der Marktabdeckung (MW 2,1) auf.

Sechs der sieben Ziele zeigen eine deutliche Marktorientierung (vgl. z.B. Erschließung neuer Käufergruppen oder Verbesserung des Unternehmensimages) und sind damit nicht mit den Instrumenten des klassischen, an der GuV orientierten, Controllings zu messen (vgl. zu den Aufgaben des klassischen Controlling: Weber/ Schäffer 2014, 8 ff.).

5.2.2.2. Kontrastierung nach der strategischen Option

Die Prioritäten in den Zielsetzungen unterscheiden sich in folgenden Punkten (Abbildung 18):

Abbildung 18: Kontrastierung der Ziele nach strategischen Optionen

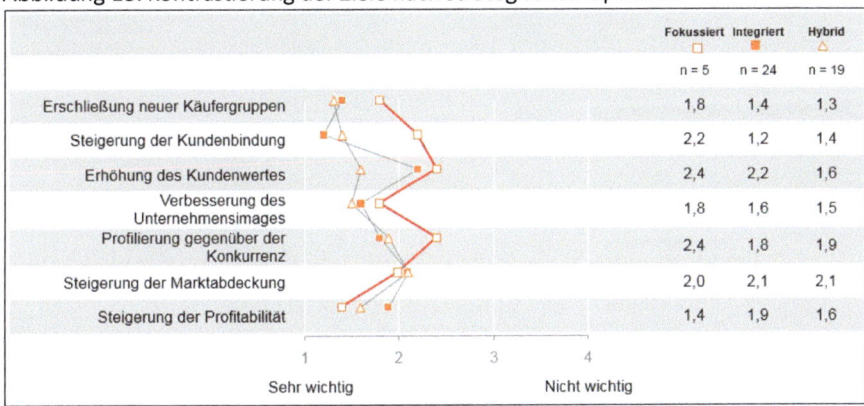

Fokussiert orientierte Unternehmen halten die markt- und kundenorientierten Ziele tendenziell für weniger wichtig als die beiden anderen Gruppen. Besonders hoch sind die Unterschiede bei:

- Der Steigerung der Kundenbindung. Zu integriert arbeitenden Unternehmen besteht eine MW-Differenz von 1,2.

- Der Erhöhung des Kundenwertes. Zu hybrid arbeitenden Unternehmen besteht eine MW-Differenz von 0,8.

Die Steigerung der Profitabilität sehen die fokussierten Unternehmen dagegen wichtiger als die Unternehmen mit anderer strategischer Orientierung. Das Delta des arithmetischen Mittels zu hybrid arbeitenden Unternehmen beträgt 0,5. Die Frage, ob dieser stärker Controlling-orientierte Ansatz Auswirkungen auf die Ergebnisse hat, wird in folgenden Abschnitten aufgegriffen.

5.2.2.3. Kontrastierung mit dem Erfolg

Erfolgreiche und weniger erfolgreiche Unternehmen haben nicht nur ein ähnliches Profil der Zielsetzung, sondern teilen in etwa auch die Wichtigkeit der unterschiedlichen Zielsetzungen. Tendenziell werden die Ziele bei erfolgreichen Unternehmen als wichtiger eingestuft als bei wenig erfolgreichen Unternehmen. Ausnahmen sind die Erhöhung des Kundenwertes sowie die Profilierung gegenüber der Konkurrenz (Abbildung 19).

Abbildung 19: Kontrastierung der Ziele mit dem Erfolg

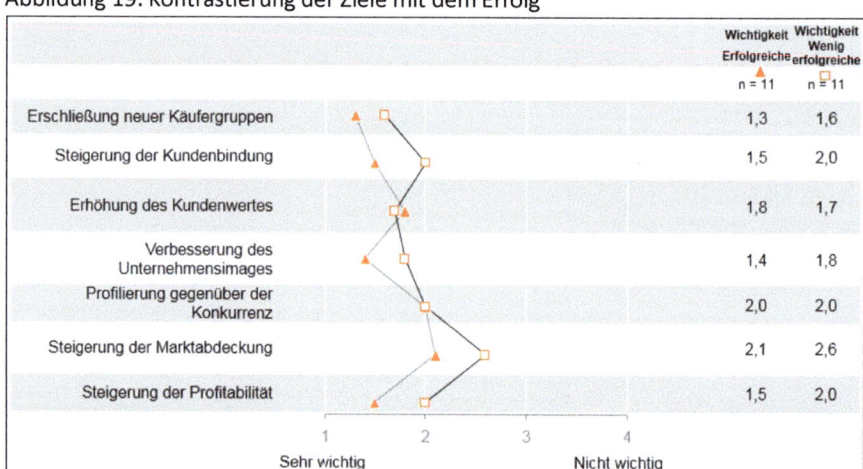

Deutlichere Unterschiede zeigen sich bei der Relevanz der folgenden Ziele:
- Steigerung der Kundenbindung (MW-Differenz 0,5),
- Steigerung der Marktabdeckung (MW-Differenz 0,5),
- Steigerung der Profitabilität (MW-Differenz 0,5).

Entsprechend kann konstatiert werden, dass erfolgreiche Multi-Channel-Händler tatsächlich stärker auf die Profitabilität achten, ohne allerdings die Kunden- sowie die Marktorientierung aus dem Blick zu verlieren.

Ob die Unternehmen eine realistische Zielsetzung und damit eine realistische (strategische) Planung vorgenommen haben, wird bei der Zielerreichung im folgenden Kapitel zu diskutieren sein.

5.2.3. Zielerreichung

Die nachfolgend berichteten Ergebnisse basieren auf der Frage 19: „Inwieweit hat Ihr Unternehmen die folgenden, mit dem Multi-Channel-Handel verbundenen Ziele erreicht?"

5.2.3.1. Gesamtstichprobe

60 % der befragten Unternehmen zeigten sich mit der Geschäftsentwicklung ihres Multi-Channel-Systems entweder sehr zufrieden oder zufrieden. Unzufrieden bzw. sehr unzufrieden waren nur 10 % der Stichprobe (Abbildung 20).

Damit zeigt die Zielerreichung (fast) durchgängig einen mittleren Wert. D.h. die gesteckten Ziele wurden insgesamt auf einem Durchschnittsniveau erreicht. Auch die Erreichung des Ziels der Steigerung der Profitabilität liegt mit einem MW von 2,6 auf mittlerem Niveau. Eine geringe positive Abweichung weisen allein die Verbesserung des Unternehmensimages mit einem MW von 2,2 sowie die Erschließung neuer Käufergruppen mit einem MW von 2,3 auf. Entsprechend werden diese marktorientierten Ziele durch Multi-Channel-Systeme tendenziell eher erreicht als die Steigerung der Profitabilität.

Abbildung 20: Gesamtstichprobe Zielerreichung

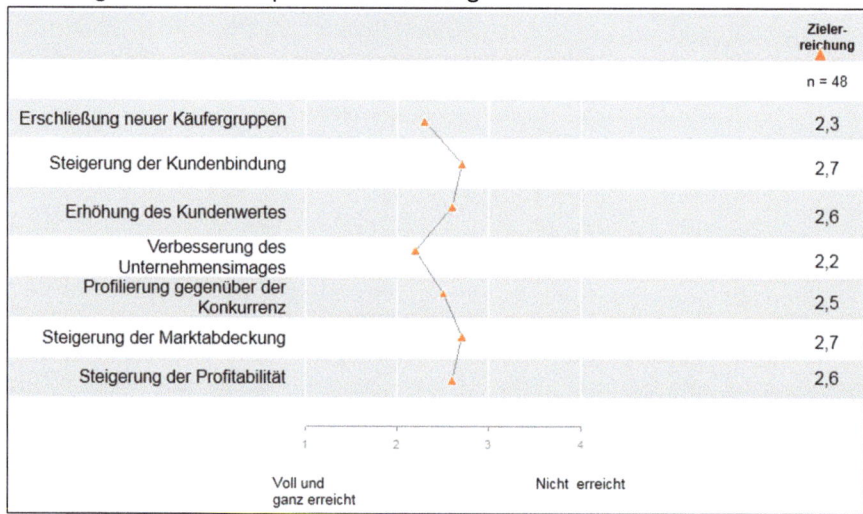

5.2.3.2. Kontrastierung nach der strategischen Option

Differenziert nach den strategischen Optionen zeigen sich kaum deutliche Unterschiede. Allein bei der Erschließung neuer Käufergruppen weisen die hybrid (MW 2,1) und die integriert (MW 2,4) arbeitenden Unternehmen einen höheren Wert als die fokussierten Unternehmen (MW 3,0) auf (Abbildung 21).

Abbildung 21: Kontrastierung Zielerreichung nach der strategischen Option

	fokussiert n = 5	integriert n = 24	hybrid n = 19
Erschließung neuer Käufergruppen	3,0	2,4	2,1
Steigerung der Kundenbindung	2,6	2,6	2,7
Erhöhung des Kundenwertes	2,8	2,6	2,4
Verbesserung des Unternehmensimages	2,2	2,4	2,1
Profilierung gegenüber der Konkurrenz	2,8	2,3	2,6
Steigerung der Marktabdeckung	2,8	2,8	2,6
Steigerung der Profitabilität	2,4	2,6	2,6

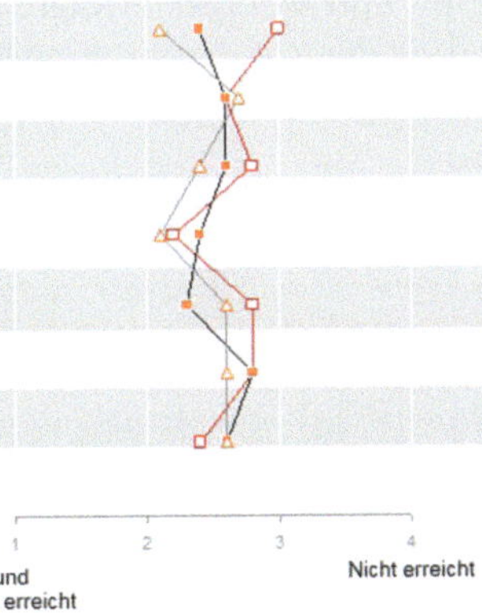

1 – Voll und ganz erreicht 4 – Nicht erreicht

Bemerkenswert ist an dieser Stelle, dass sich die Steigerung der Profitabilität nur unwesentlich nach den strategischen Optionen unterscheidet (maximale Differenz der MW 0,2) Bei der Zielgewichtung (vgl. Abb. 18) liegt die Differenz der MW bei 0,4.

5.2.3.3. Kontrastierung mit dem Erfolg

Naturgemäß haben die überdurchschnittlich erfolgreichen Unternehmen der Stichprobe ihre Ziele eher erreicht als die wenig erfolgreichen Unternehmen. Die deutlichsten Unterschiede zeigen sich bei den folgenden Zielsetzungen (MW-Differenz je 0,5):

- Verbesserung des Unternehmensimages,
- Profilierung gegenüber der Konkurrenz,
- Erhöhung des Kundenwertes.

Das Profil von erfolgreichen und weniger erfolgreichen Unternehmen ähnelt sich. Allein bei der Steigerung der Kundenbindung liegen die Werte mit 2,7 für erfolgreiche und 2,8 für weniger erfolgreiche Unternehmen eng zusammen (Abbildung 22).

Abbildung 22: Kontrastierung Zielerreichung mit dem Erfolg

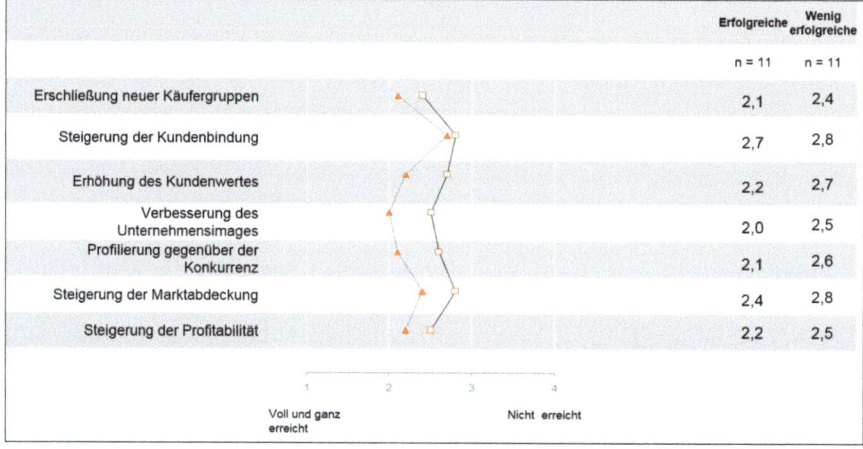

5.2.4. Zielrelevanz und Zielerreichung

Im Rahmen dieses Abschnitts erfolgt eine Gegenüberstellung der folgenden Fragen: Frage 3: „Wie wichtig sind in Ihrem Unternehmen die folgenden, mit dem Multi-Channel-Handel verbundenen Ziele?" und
Frage 19: „Inwieweit hat Ihr Unternehmen die folgenden, mit dem Multi-Channel-Handel verbundenen Ziele erreicht?"

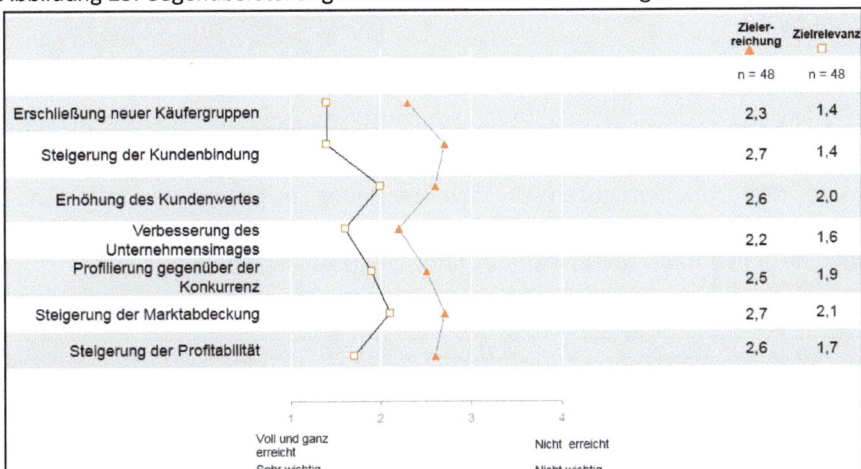

Abbildung 23: Gegenüberstellung Zielrelevanz und Zielerreichung

Bezüglich der relevanten Ziele und der jeweiligen Zielerreichung werden die oben gemachten Aussagen bestätigt. Die (hohen) Erwartungen werden im Durchschnitt um nahezu -0,8 Punkte unterschritten (Abbildung 23).

Deutliche Unterschiede zeigen sich bei einem Vergleich der Zielrelevanz mit der Erreichung der einzelnen Ziele bei
- der Kundenbindung (Unterschied Mittelwert Relevanz zur Zielerreichung minus 1,3),
- der Erschließung neuer Käufergruppen (Unterschied MW minus 0,9) und
- der Steigerung der Profitabilität (Unterschied MW minus 0,9).

Insgesamt weist der Abstand der beiden Profile von minimal 0.6 (Profilierung gegenüber der Konkurrenz) und maximal 1.3 (Steigerung der Kundenbindung) auf strategische Lücken in der Zielerreichung hin, die durch geeigneten strategischen Maßnahmen in emergenten Strategien (vgl. Mintzberg 1998, S. 175 ff.) oder durch Anpassung der Erwartungshaltungen zu schließen sind.

5.2.5. Zufriedenheit mit der Geschäftsentwicklung

Die folgenden Ergebnisse basieren auf der Auswertung der Frage 18: „Wie zufrieden sind Sie mit der Geschäftsentwicklung Ihres Multi-Channel-Systems?"

5.2.5.1. Gesamtstichprobe

Insgesamt zeigen sich 60 % der befragten Unternehmen als zufrieden bis sehr zufrieden. Lediglich 10 % antworten im Bereich der Unzufriedenheit. Aufgrund der aktuellen guten Umsatzentwicklung insbesondere im Online-Handel ist das Ergebnis erwartungsgemäß, da die befragten Unternehmen eben auch in diesem Marktsegment tätig sind (Abbildung 24).

Abbildung 24: Zufriedenheit mit Geschäftsentwicklung

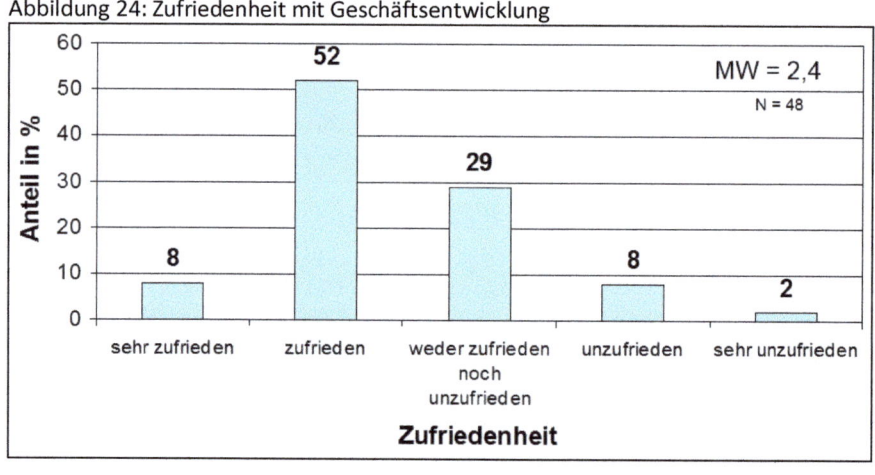

5.2.5.2. Kontrastierung nach der strategischen Ausrichtung

Die fokussierten Unternehmen sind entweder zufrieden oder weder zufrieden noch unzufrieden und haben damit die geringste Streuung. Das kann allerdings durch den relativ geringen Rücklauf in dieser Gruppe bedingt sein. Der MW liegt mit bei 2,4 (Abbildung 25).

Bei den integriert arbeitend Unternehmen liegt der MW bei 2,3 und liegt damit an der Spitze. 66 % der Teilnehmer sind entweder zufrieden (58 %) oder sogar sehr zufrieden (8 %). Allerdings besteht bei dieser Orientierung auch die Gefahr unzufrieden zu sein (8 %).

Abbildung 25: Kontrastierung der Zufriedenheit Geschäftsentwicklung nach strategischer Option

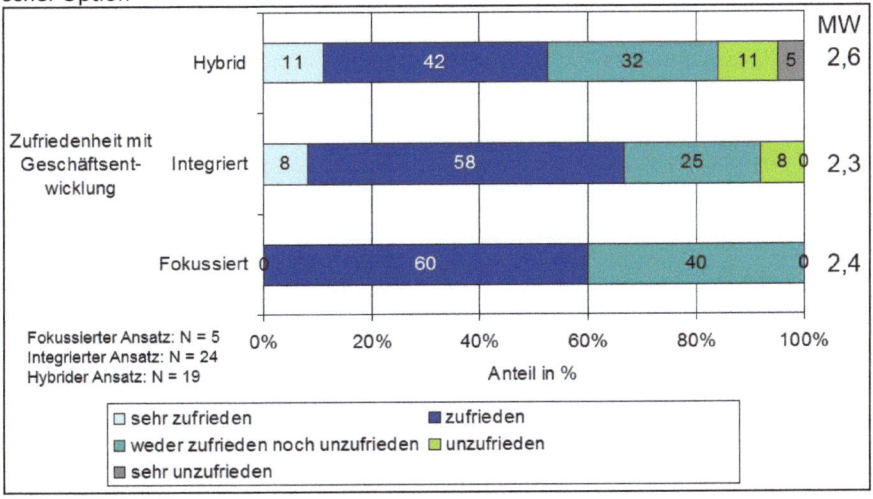

Bei den hybrid arbeitenden Unternehmen liegt der Mittelwert mit 2,6 auf dem niedrigsten Niveau. Dieser relative schlechte Wert ist außerdem mit der größten Streuung der Zufriedenheit verbunden. Immerhin sind hier 11 % unzufrieden und 5 % sogar sehr unzufrieden. Auf der anderen Seite gibt es 11 % der Unternehmen, die mit der Geschäftsentwicklung sehr zufrieden sind.

5.2.5.3. Kontrastierung mit dem Erfolg

Die Ergebnisse der Geschäftsentwicklung nach erfolgreichen beziehungsweise weniger erfolgreichen Unternehmen zeigt ein etwas überraschendes Bild (Abbildung 26). Dass erfolgreiche Unternehmen mit der Geschäftsentwicklung zufrieden sind, scheint offensichtlich. Bei einem Mittelwert von 2,1 antworten lediglich 9 % mit unterdurchschnittlicher Zufriedenheit.

Bei den weniger erfolgreichen Unternehmen liegt der Prozentsatz der unterdurchschnittlich zufriedenen Unternehmen bei (nur) 18 %. Immerhin 36 % der Firmen sind mit der Geschäftsentwicklung zufrieden. 45 % antworten mit durchschnittlichen Werten. Entweder herrscht bei diesen beiden Gruppen (insgesamt 81 %) eine „Happy Looser" Mentalität oder die weniger erfolgreichen Unternehmen sind im Vergleich zu anderen Branchen/ Firmen immer noch erfolgreicher. Aus der Abbildung 23 auf S. 62 zu Zielrelevanz und Zielerreichung lässt sich eher schließen, dass die Unternehmen auch mit „bescheidener" Zielerreichung zufrieden sind.

Abbildung 26: Kontrastierung der Zufriedenheit nach Erfolg

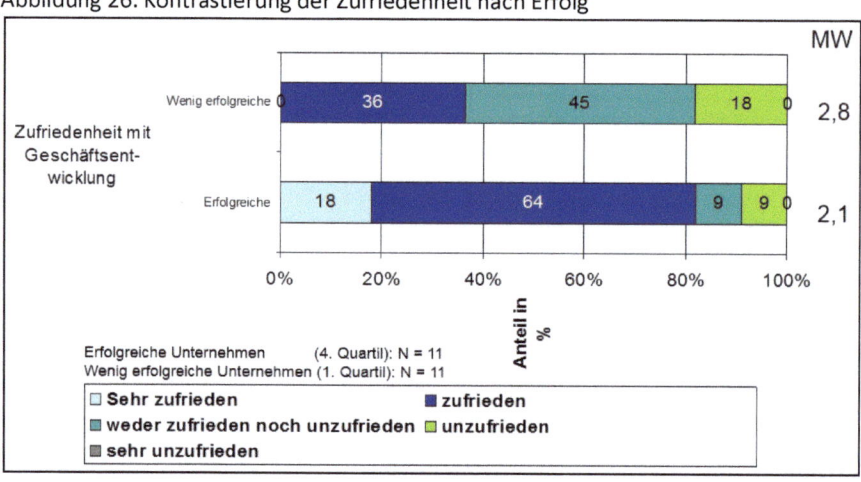

5.2.6. Angebot von Multi-Channel-Leistungen

Der Abschnitt 5.2.6 basiert auf den Antworten der Befragungsteilnehmer auf die Frage 2: „Welche Multi-Channel-Leistungen bieten Sie Ihren Kunden?"

5.2.6.1. Gesamtstichprobe

Multi-Channel-Leistungen werden von den befragten Unternehmen über die gesamte Leistungskette hinweg in unterschiedlicher Intensität angeboten (Abbildung 27).

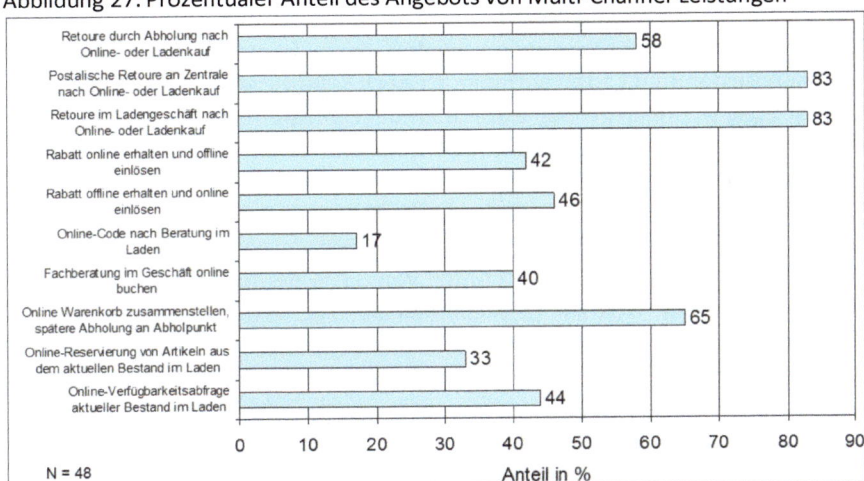

Abbildung 27: Prozentualer Anteil des Angebots von Multi-Channel-Leistungen

Bereits bei der Beratung und Produktsuche können Unternehmen ihre kanalübergreifende Präsenz ausspielen und so Kunden über ihre Kanalvielfalt informieren und beim Channel-Hopping besser an sich binden.
So bieten 40 % der befragten Unternehmen an, einen Termin für eine Fachberatung im stationären Ladengeschäft online zu buchen. Leider nutzen anschließend nur sehr wenige Unternehmen die Möglichkeit, den so gewonnenen potentiellen Käufer auch über die Kanäle hinweg zu binden: So geben lediglich 17 % der befragten Unternehmen nach der Beratung den Kunden einen Online-Code zur Nutzung bei einem anschließenden webbasierten Einkauf mit.

Dieses Ergebnis ist schlüssig zu einer Erhebung bei Kunden aus dem Jahre 2013, bei welcher diese beiden Servicevarianten sich noch als sehr unbekannt und selten genutzt herausstellten. Danach wurden beide Angebote nur von etwa 5 % aller Kunden genutzt. Sogar bei Einschränkung auf die Kunden, die den Service kannten, zeigte sich nur eine Nutzung der Onlinereservierung eines Beratungsgesprächs von etwa 25 %. Online-Codes wurden von jener Gruppe dagegen zu immerhin etwa 40 % genutzt (Zaharia 2013, Seite 131 f.). Dabei sollte auch beachtet werden, dass sich zumindest im Erhebungsjahr 2009, bezogen auf den späteren Umsatz, wesentlich deutlicher die Kunden online bei E-Commerce-Händlern informiert und schließlich stationär gekauft haben (8,5 Mrd. € Umsatz) als andersherum (5,4 Mrd. €) (o.V. 2015 c, S. 4).

Für die Bestellung können Kunden bei 44% der befragten Unternehmen den aktuellen Bestand im Laden abfragen („Check & Reserve"). Diese Nutzungsintensität ist erstaunlich gering, wenn man dagegen sieht, dass Zaharia in ihrer Umfrage bei Kunden herausgefunden hat, dass zwei Drittel der befragten Kunden diese Möglichkeit nutzen, sobald sie ihnen bekannt wird (Zaharia 2013, Seite 131 f.).
Eine anschließende Möglichkeit zur Reservierung der Ware vor Abholung an einem Abholpunkt ist mit einem Anteil von 33 % bei fünf Unternehmen gegenüber der Möglichkeit zur Verfügbarkeitsabfrage weniger möglich. Sie wird allerdings auch laut Zaharia mit Stand 2013 nur von 40 % der Kunden genutzt, die diesen Service kennen – ein selteneres Angebot vonseiten der Unternehmen ist also nachvollziehbar.

Dagegen ist der unter „Click & Collect" bekannt gewordene Service, bei welchem ein online zusammengestellter Warenkorb später an einem Abholpunkt fertig vorgerichtet abgeholt werden kann, bei 31 Unternehmen oder 65 % umgesetzt. Damit rangiert dieses Angebot auf Platz drei der abgefragten Leistungsvarianten. Nach einer im April 2016 veröffentlichten Umfrage unter 1001 Internetnutzern ab 16 Jahre haben erst 16 % der befragten Kunden diesen Service auch tatsächlich benutzt. Für die Mehrheit sprechen hauptsächlich Gründe wie die Entfernung zu dem nächsten Ladenlokal oder ein über viele Anbieter verteilter Einkauf als Gründe einer Nichtnutzung. Der dritthäufigste Grund für eine Nichtnutzung war das fehlende Angebot vonseiten des Anbieters (o.V. 2016 b).

Während des Kaufvorgangs werden in vergleichbarem Umfang von den Unternehmen Rabattangebote aus einem Verkaufskanal heraus in den anderen gewährt. Ein Rabatt offline zur Einlösung online wird mit 46 % unerheblich häufiger von Unternehmen gewährt als andersherum (42 %). Zaharia hatte ähnliche Werte aus Sicht der Kunden gesehen, sobald der Service den Kunden bekannt ist (Zaharia 2013, Seite 131 f.).

Möglichkeiten zur kanalübergreifenden Retoure über die Kanäle hinweg sind die mit Abstand am häufigsten von den befragten Unternehmen angebotenen Multi-Channel-Leistungen. Jeweils 83 % oder 40 der befragten 48 Unternehmen bieten sowohl die postalische Retoure an eine Zentrale wie auch die Abgabe in einem stationären Ladengeschäft an – jeweils unabhängig von dem für die Bestellung genutzten Vertriebskanal. Eine Abholung an der Haustür des Käufers wird sowohl nach Online- wie auch Ladenkauf mit 58% der befragten Unternehmen deutlich seltener angeboten.

Eine gleiche Rangordnung, allerdings bei einem geringeren Anteil der Abgabe im Ladenlokal nach Online-Kauf, zeigt eine Studie des EHI Retailing Institutes. In jener Studie wurde auch festgestellt, dass die nichtpostalische Rückgabe auf großvolumige und schwere Artikel zurückzuführen ist (o.V. 2015 a, S. 69).

5.2.6.2. Angebot von Multi-Channel-Leistungen - Kontrastierung nach der strategischen Option

Über die strategischen Optionen lässt sich das Angebot an Multi-Channel-Leistungen differenzierter betrachten (Abbildung 28). Zunächst ist es sehr interessant, dass der integrierte Ansatz bei keinem Angebot besonders hervorsticht. Alleine die Option zur Online-Buchung einer Fachberatung im Ladengeschäft wird von diesen Unternehmen überproportional häufig verwendet. Integrierte Unternehmen scheinen also eher ein breites Gesamtkonzept mit einer breiten Mischung an Multi-Channel-Leistungen anzubieten, während Unternehmen mit fokussiertem bzw. hybridem Ansatz tendenziell einzelne Leistungen bevorzugt in ihr Portfolio aufnehmen.

Abbildung 28: Multi-Channel-Leistungen nach strategischen Optionen

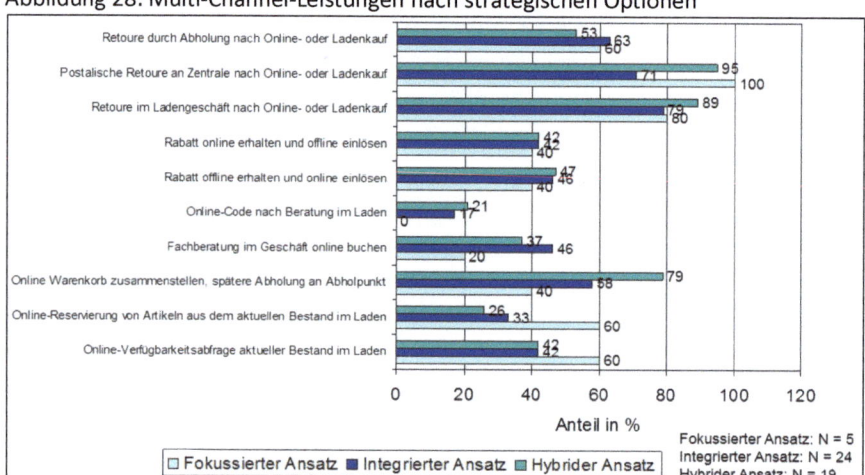

Die größte Differenzierung ist bei Angeboten rund um die Bestellung festzustellen. Unternehmen mit fokussiertem Ansatz bieten überraschend deutlich häufiger die Möglichkeit der Online-Verfügbarkeitsprüfung von Artikeln im stationären Laden wie auch eine Möglichkeit zur Reservierung an als Unternehmen, die stärker auf eine Integration der Vertriebskanäle setzen.

Unternehmen mit fokussiertem wie auch hybridem Ansatz sind gegenüber dem integrierten Ansatz auch stärker bei vertriebskanalübergreifenden Retouren engagiert als die integrierten Unternehmen. Dieses Ergebnis überrascht, da gerade diese enge Verzahnung über die Vertriebskanäle hinweg eine große Herausforderung in Bestand und Beschaffung der Unternehmen bedeutet, die zunächst eher einem auf einen vollen integrierten Ansatz konzentrierten Unternehmen zugerechnet werden könnten. Alleine bei der Retoure durch Abholung erzielen die Unternehmen mit integriertem Ansatz einen marginalen Vorsprung.

Auffällig ist der sehr hohe Anteil an Unternehmen mit hybridem Ansatz bei der Leistung „Online Warenkorb zusammenstellen, spätere Abholung am Abholpunkt". Der vergleichsweise geringe Wert bei den fokussierten Unternehmen ist nachvollziehbar, da diese Leistung eine Integration von Vertriebskanälen in dem Kernprozess Bestellung umfasst, der fokussierte Ansatz dagegen eine getrennte Sichtweise der Kanäle anstrebt. Logisch ist in diesem Zusammenhang auch, dass die Vergabe eines Online-Codes nach Beratung im Laden durch keines der befragten Unternehmen mit fokussiertem Ansatz angeboten wird.

Die Gewährung von Rabatten zeigt keine nennenswerte Differenzierung über die strategischen Optionen hinweg. Dies ist bemerkenswert, da diese Angebote bei der Betrachtung über den Erfolg von Unternehmen den deutlichsten Unterschied zeigen.

5.2.6.3. Angebot von Multi-Channel-Leistungen - Kontrastierung nach dem Erfolg

Unter Berücksichtigung des Erfolgs der befragten Unternehmen fächert sich das Angebot an Multi-Channel-Leistungen weiter auf (Abbildung 29).

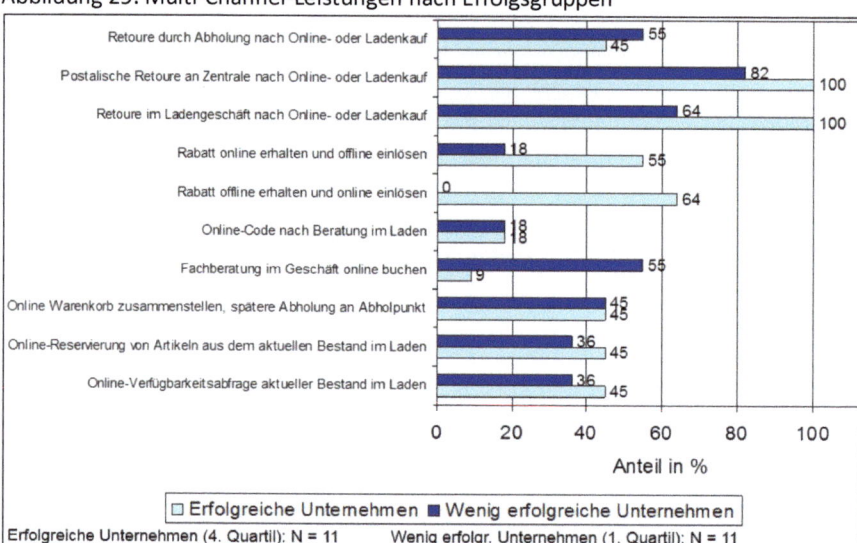

Abbildung 29: Multi-Channel-Leistungen nach Erfolgsgruppen

Am deutlichsten unterscheiden sich erfolgreiche und nicht erfolgreiche Unternehmen bei Rabattangeboten. Die Hälfte bis zwei Drittel der erfolgreichen Unternehmen setzen Rabatte ein, die von einem Vertriebskanal gewährt werden und im anderen Vertriebskanal eingelöst werden können. Die wenig erfolgreichen Unternehmen setzen dagegen kaum bis gar nicht auf dieses Instrument. Damit können vertriebskanal-übergreifende Rabatte durchaus als erfolgsinduzierend angesehen werden. Nach unserer Auffassung wird damit erneut die auch weiterhin sehr hohe Preissensibilität der Kunden unterstrichen, welche kanalunabhängig meist preisorientiert die Anbieterauswahl treffen (Heinemann 2014, S. 32). Der Preis hat eine erhebliche Wirksamkeit auf den Erfolg, was die hohe Bedeutung der kanalübergreifenden Rabattaktionen verständlich macht.

Die von den meisten Unternehmen angebotenen Retouren über die Vertriebskanäle hinweg erweisen sich gleichzeitig als den Erfolg mitbestimmend: 100 % der erfolgreichen Unternehmen bieten diese Formen der Retoure an und nehmen damit erhebliche Kosten auf sich. Besonders deutlich unterscheiden sich erfolgreiche und nicht erfolgreiche Unternehmen bei der Retoure im Ladengeschäft nach einem Onlinekauf. Die Möglichkeit der Retoure durch Abholung ist unter Berücksichtigung von Erfolgskriterien dagegen nur mittelmäßig zu beurteilen. Es wurde bereits in Kapitel 5.3.9.1 festgestellt, dass diese Form der Retoure ohnehin in der Regel nur in Sonderfällen zum Einsatz kommt.

Eine nur noch schwache Differenzierung ist interessanterweise bei Angeboten rund um Beratung und Produktverfügbarkeit festzustellen: Die Online-Verfügbarkeitsabfrage und die Möglichkeit zur Reservierung der Artikel im Laden werden von erfolgreichen Unternehmen mit 45 % leicht häufiger eingesetzt als von nicht erfolgreichen. Bei dem Angebot "„Click & Collect", also der Möglichkeit, online einen Warenkorb zusammenzustellen, welcher später fertig gerichtet im Laden abgeholt werden kann, ist bereits keine Differenzierung nach Erfolg mehr festzustellen.

In das Gegenteil kehrt sich sogar die Online-Buchung einer Beratung im Fachgeschäft, welche von 55 % der nicht erfolgreichen Unternehmen, aber nur von 9 % der erfolgreichen Unternehmen eingesetzt wird. Dies ist besonders interessant, weil ausgerechnet dieses Angebot als einziges von den Unternehmen mit integrierter Option am Häufigsten angeboten wird. Allerdings erscheint uns das Ergebnis wiederum plausibel: Oft konkurrieren im Alltag von stationären Geschäften ungeplante Beratungsanfragen von Kunden mit gebuchten Beratungsterminen. Wird eine begonnene ungeplante Beratung für einen gebuchten Beratungstermin abgebrochen oder muss ein Kunde mit gebuchtem Beratungstermin auf den Abschluss einer noch laufenden ungeplanten Beratung warten, besteht regelmäßig die Gefahr der Verärgerung von Kunden. So kann sich ein zunächst gut gemeinter Service in seiner Wirkung gegenüber den Kunden in das Negative verkehren.

Die Leistungen mit der größten Relation zum Erfolg werden in der Regel von den fokussierten Unternehmen angeboten. Dies zeigt nach Kapitel 5.2.2.2 erneut die hohe Renditeorientierung der befragten Unternehmen mit einer fokussierten Ausrichtung.

5.2.7. Primärorganisation und sekundärorganisatorische Maßnahmen

Der Abschnitt 5.2.7 basiert auf den Antworten der Befragungsteilnehmer auf den Fragen 8, 9 und 10:

Frage 8: „Wie ist Ihr Unternehmen hinsichtlich der Einbindung der unterschiedlichen Kanäle organisiert? Geben Sie bitte an, welchen der organisatorischen Ansätze Ihr Unternehmen aktuell verfolgt."

Frage 9: „Wie intensiv setzen Sie die folgenden sekundärorganisatorischen Steuerungsinstrumente ein?"

Frage 10: „Beschäftigen wir uns nun mit der Formalisierung in Ihrem Unternehmen. Wie intensiv sind die folgenden Aspekte in den einzelnen Kanälen ausgeprägt?"

5.2.7.1. Gesamtstichprobe

Die Unternehmen der Stichprobe nutzen am häufigsten (38 %) die funktionale Organisation (Abbildung 30). Bei einer funktionalen Organisation ist das Unternehmen nach Aufgabengebieten wie Einkauf, Logistik oder Vertrieb gegliedert (Wöhe 2002, S. 154).

Abbildung 30: Prozentuale Verteilung der Formen der Primärorganisation

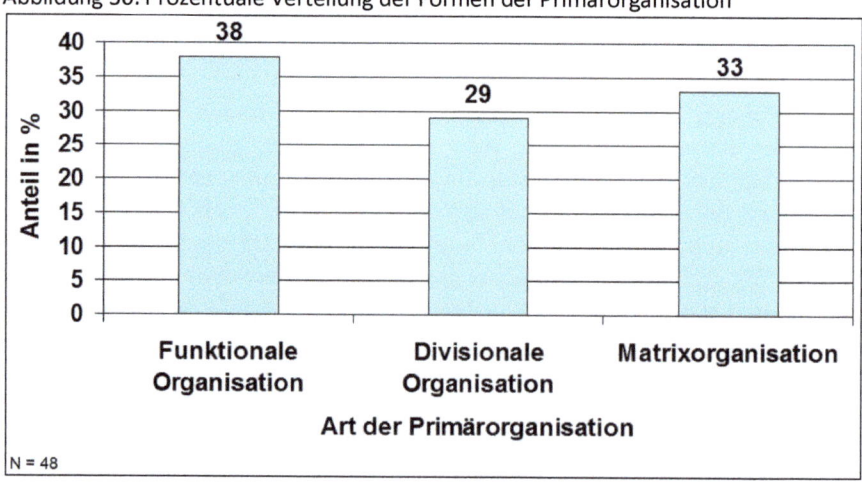

Die divisionale Organisation (29 %) teilt das Unternehmen nach einzelnen Bearbeitungsklassen (Divisionen) auf. Dies kann eine Aufteilung beispielsweise nach Kundengruppen, Artikelgruppen oder Vertriebskanälen sein. Innerhalb der Divisionen sind klassenspezifisch die funktionalen Aufgaben angeordnet (Wöhe 2001, S. 156 f.). Sie ist knapp hinter der Matrixorganisation (33 %) die am wenigsten gewählte Organisationsform unter den befragten Unternehmen. Bei einer Matrixorganisation sind Unternehmen als Matrix mit einerseits Funktionsorientierung und andererseits Objektorientierung organisiert (Wöhe 2002, S. 157).

Sekundärorganisatorischen Maßnahmen stehen in zweiter Ebene hinter der Primärorganisation und gestalten die Organisation des Unternehmens im Detail weiter aus (siehe Kapitel 4.2.2). Die Unternehmen wurden nach sekundärorganisatorischen Maßnahmen befragt, die sich speziell mit kanalübergreifender Verzahnung der Arbeitsprozesse befassen. Bis auf das Steuerungsinstrument „Direkte Kommunikation der Mitarbeiter der Kanäle miteinander" werden sekundärorganisatorische Steuerungssysteme von den Unternehmen der Stichprobe eher weniger intensiv genutzt (Abbildung 31). Diese mittelmäßige Ausgestaltung könnte darauf hinweisen, dass die Unternehmen die in Abb. 2 bereits gezeigten typischen Kulturunterschiede zwischen stationärem Handel („Old economy") und Onlinehandel („New economy") bewusst oder unbewusst in ihrem organisatorischen Aufbau nicht angreifen.

Abbildung 31: Intensität der Nutzung sekundärorganisatorischer Maßnahmen; Darstellung in Mittelwerten (MW)

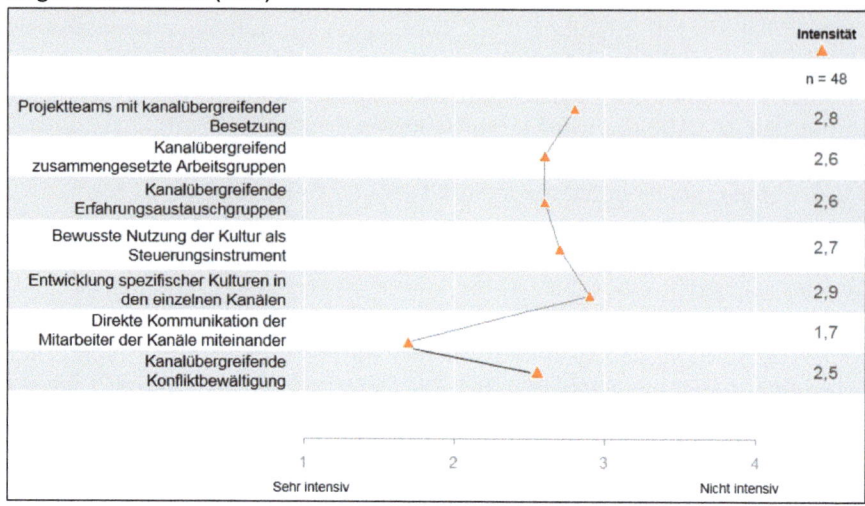

Ein weiteres Merkmal der Organisation ist die Formalisierung (siehe Kap. 4.2.2, insbesondere Abb. 8). Sie umschreibt, inwieweit organisatorische Regeln und Funktionen für die Prozesse im Unternehmen fest vorgegeben oder flexibel gehandhabt werden. Bei den befragten Unternehmen zeigt sich über alle abgefragten typischen Formen der Formalisierung ohne Ausnahme eine eher mäßige Nutzung (Abbildung 32).

Abbildung 32: Intensität der Formalisierung; Darstellung in Mittelwerten (MW)

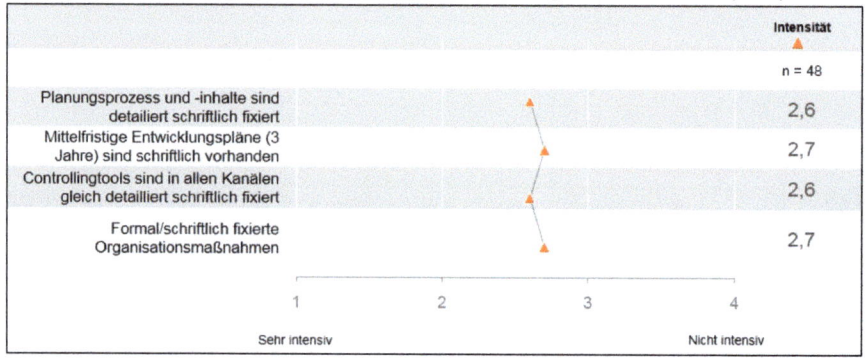

Dieses Ergebnis erstaunt, da die Stichprobe der vorliegenden Untersuchung einen hohen Anteil an integriert arbeitenden Multi-Channel-Handelsunternehmen aufweist und eine hohe Formalisierung eine Standardisierung in Systemen normalerweise positiv unterstützt.

5.2.7.2. Primärorganisation und sekundärorganisatorische Maßnahmen - Kontrastierung nach der strategischen Option

Betrachtet man die Primärorganisation unter Einbezug der strategischen Optionen (Abbildung 33), so zeigt sich zunächst keine frappierende Abweichung der Einzelwerte von der Gesamtübersicht in Abbildung 30.

Auffällig ist die Gleichverteilung aller drei Formen der Primärorganisation unter den befragten Unternehmen, die sich dem integrierten Ansatz verschrieben haben.

Abbildung 33: Organisationsansätze nach strategischen Optionen

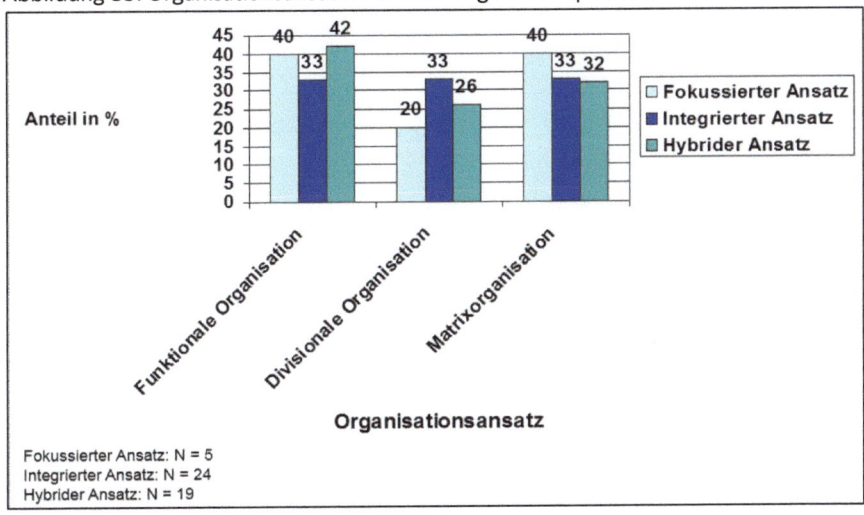

Bei der Verteilung der Organisationsformen unter Unternehmen mit fokussiertem Ansatz fällt der geringe Anteil der divisionalen Organisation (20%) im Vergleich zu den anderen Organisationsformen auf (je 40%). Gerade die divisionale Organisation würde allerdings eine klare Trennung der Prozesse nach

Vertriebskanälen am besten ermöglichen. Scheinbar haben sich Unternehmen mit einem fokussierten Ansatz, die in der Organisation die Trennung der Vertriebskanäle klar abbilden möchten, eher der Matrixorganisation zugewendet.

Für den hybriden Ansatz wird die funktionale Organisation mit 42 % klar bevorzugt. Bei diesen Unternehmen scheint es im gleitenden Übergang zwischen einer Trennung und einer Integration der Vertriebskanäle tendenziell sinnvoller zu sein, die Organisation nach Aufgabengebieten aufzubauen, um die Prozesse in Richtung der Auflösung der Grenzen zwischen den Vertriebskanälen entwickeln zu können.

Im Rahmen der Nutzung der sekundärorganisatorischen Maßnahmen wird die „direkte Kommunikation der Mitarbeiter der Kanäle miteinander" - in der Gesamtübersicht nach Abb. 31 noch das einzige hervorstehende Merkmal mit hoher Nutzungsintensität – im Vergleich der strategischen Optionen zu einem unspezifischen Merkmal, da alle Unternehmen hierauf einen sehr starken Fokus legen (Abbildung 34).

Abbildung 34: Nutzung sekundärorganisatorischer Maßnahmen nach strategischen Optionen

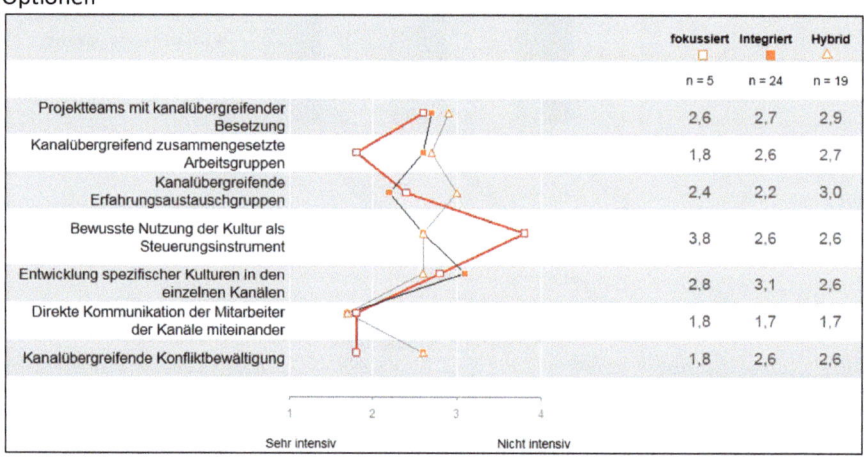

Die übrigen Merkmale zur Nutzung sekundärorganisatorischer Maßnahmen zeigen unter Berücksichtigung der strategischen Optionen deutliche Differenzen.

Es ist zunächst in den Zielen der strategischen Optionen vorgegeben, dass die „Entwicklung spezifischer Kulturen in den einzelnen Kanälen" durch die Unternehmen mit fokussiertem Ansatz häufiger gelebt wird als bei integrierten Unternehmen. Im Gegenteil wäre bei Unternehmen mit integriertem Ansatz eine deutlich geringere Intensität zu erwarten gewesen. Auch kanalübergreifend zusammengesetzte Arbeitsgruppen sowie eine kanalübergreifende Konfliktbewältigung werden von Unternehmen mit fokussiertem Ansatz deutlich häufiger eingesetzt. Dies passt wieder sehr gut zu dem fokussierten Ansatz, da es bei getrennt agierenden Vertriebskanälen eher zu Konflikten kommen kann als bei stark integriertem Ansatz der Vertriebskanäle.

Weiterhin ist jedoch verwunderlich, dass bis auf wenige Ausnahmen die befragten Unternehmen mit einem fokussierten Ansatz eine tendenziell höhere Intensität bei sekundärorganisatorischen Maßnahmen im Sinne vertriebskanalübergreifender Elemente zeigen als die mit einem integrierten Ansatz. Alleine bei der „bewusste(n) Nutzung der Kultur als Steuerungsinstrument" fällt der fokussierte Ansatz deutlich in der Intensität zu den anderen Ansätzen ab.

Die befragten Unternehmen mit hybridem Ansatz nutzen sekundärorganisatorische Maßnahmen zur Verknüpfung der Vertriebskanäle am wenigsten, verpassen damit aber auch eine Möglichkeit zur weiteren Verknüpfung der Vertriebskanäle untereinander.

Die **Formalisierung** ist bei den befragten Unternehmen mit einem integrierten Ansatz über alle abgefragten Teilelemente deutlich stärker umgesetzt als bei den Unternehmen mit einem fokussierten Ansatz, Der hybride Ansatz liegt – den Erwartungen eines zwischen den beiden Extremen integriert und fokussiert liegenden Ansatzes gemäß – bei allen Teilelementen bezüglich der Nutzungsintensität in der Mitte (Abbildung 35).

Abbildung 35: Formalisierung nach strategischen Optionen

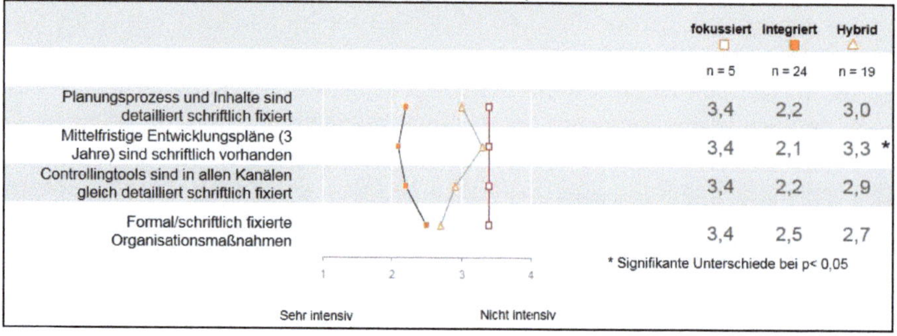

	fokussiert ☐	integriert ■	Hybrid △
	n = 5	n = 24	n = 19
Planungsprozess und Inhalte sind detailliert schriftlich fixiert	3,4	2,2	3,0
Mittelfristige Entwicklungspläne (3 Jahre) sind schriftlich vorhanden	3,4	2,1	3,3 *
Controllingtools sind in allen Kanälen gleich detailliert schriftlich fixiert	3,4	2,2	2,9
Formal/schriftlich fixierte Organisationsmaßnahmen	3,4	2,5	2,7

* Signifikante Unterschiede bei p< 0,05

Sehr intensiv — Nicht intensiv

Die hohe Nutzungsintensität der Formalisierung bei Unternehmen mit integriertem Ansatz lässt auf ein hohes Erfordernis an Komplexitätsmanagement bei einem hohen Verschmelzungsgrad der Vertriebskanäle schließen. Ein deutlicher Nachteil eines solch hohen Formalisierungsgrades ist eine verringerte Flexibilität der Entscheidungsfindung (Schwarz 2009, S. 143).

5.2.7.3. Primärorganisation und sekundärorganisatorische Maßnahmen - Kontrastierung nach dem Erfolg

Eine kombinierte Betrachtung von Primärorganisation und Erfolg der befragten Unternehmen (Abbildung 36) zeigt deutlichere Unterschiede nur bei der funktionalen Organisation und der Matrixorganisation.

Abbildung 36: Primärorganisation und sekundärorganisatorische Maßnahmen nach Erfolgsgruppen

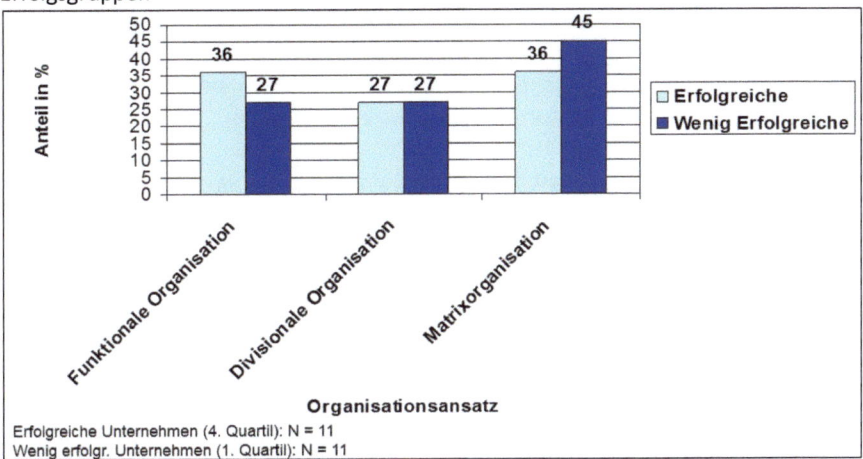

Die funktionale Organisation wird eher von erfolgreichen Unternehmen, die Matrixorganisation dagegen eher von nicht erfolgreichen Unternehmen gewählt. Rein von der Lehre sollte die Matrixorganisation im Multi-Channel-Management eigentlich im Erfolg überwiegen, da die Funktionen und die Kanäle – idealerweise prozessorientiert – über diese Organisationsform miteinander verbunden werden. In der Realität führen unterschiedliche Vorstellungen und Vorgehen der beiden Leitungsbereiche jedoch häufig zu der Minderung des Erfolgs (Wöhe 2002, S. 158). So sind auch die Ergebnisse dieser Befragung als plausibel anzusehen.

Bei der divisionalen Organisation ergibt sich kein erfolgsinduzierender Unterschied zwischen den erfolgreichen und den wenig erfolgreichen Unternehmen.

Gleichermaßen kann aus dem Ergebnis herausgelesen werden, dass die Primärorganisation für die befragten erfolgreichen Unternehmen weniger ausschlaggebend war (Aufteilung funktional 36 % - divisional 27 % - Matrix 36 %) als für die nicht erfolgreichen Unternehmen (Aufteilung 27 % - 27 % - 45 %).

In den erfolgreichen Unternehmen der Stichprobe werden **sekundärorganisatorische Steuerungssysteme** insgesamt deutlich intensiver eingesetzt als in den wenig erfolgreichen Unternehmen (Abbildung 37). Vor allem bewusst kanalübergreifend eingesetzte Arbeitsgruppen sowie die Nutzung der Kultur als Steuerungsinstrument haben bei erfolgreichen Unternehmen einen sichtbar höheren Stellenwert als bei nicht erfolgreichen Unternehmen. Dies bestärkt auch die bei erfolgreichen Unternehmen deutlich stärker ausgeprägte Entwicklung spezifischer Kulturen in den einzelnen Kanälen.

Abbildung 37: Sekundärorganisatorische Maßnahmen nach Erfolg

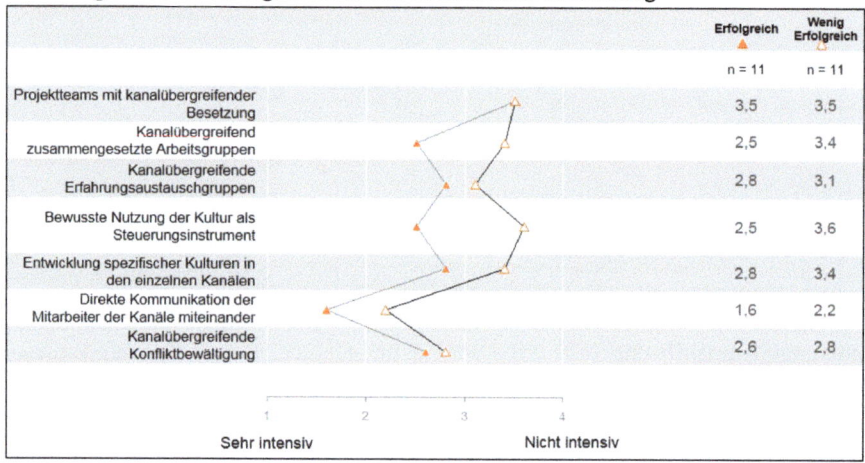

Für den ökonomischen Erfolg eines Unternehmens ist vor allem das reibungslose Zusammenspiel seiner unterschiedlichen kulturellen Gruppen maßgeblich (Thommen/Achleitner 2016, S. 459; dort v.a. bezogen auf länderübergreifende Kooperation von Kulturen). Daher ist es folgerichtig, dass der Aspekt „Direkte Kommunikation der Mitarbeiter der Kanäle miteinander" bei den erfolgreichen Unternehmen eine sichtbar höhere Nutzungsintensität ausweist als bei nicht erfolgreichen Unternehmen.

Kanalübergreifende Erfahrungsaustauschgruppen und eine kanalübergreifende Konfliktbewältigung werden bei erfolgreichen wie bei nicht erfolgreichen Unternehmen gleichermaßen mittelmäßig genutzt und sind nicht erfolgsinduzierend.

Eine Nutzung von Projektteams mit kanalübergreifender Besetzung scheint jedoch nicht tief genug zu greifen und wird allgemein weder von erfolgreichen noch nicht erfolgreichen Unternehmen besonders intensiv eingesetzt. Sie sind ebenfalls nicht erfolgsinduzierend.

Bei der **Formalisierung** in den Unternehmen gibt es bis auf den Aspekt der „formal/schriftlich fixierte(n) Organisationsmaßnahmen" keine erfolgsinduzierenden Aspekte. Auch der Aspekt „formal/schriftlich fixierte Organisationsmaßnahmen" zeigt keine signifikante Spreizung zwischen erfolgreichen und nicht erfolgreichen Unternehmen. Sowohl die erfolgreichen als auch die nicht erfolgreichen Unternehmen sind nur mittelmäßig formalisiert und damit flexibel aufgestellt (Abbildung 38).

Abbildung 38: Formalisierung nach Erfolg

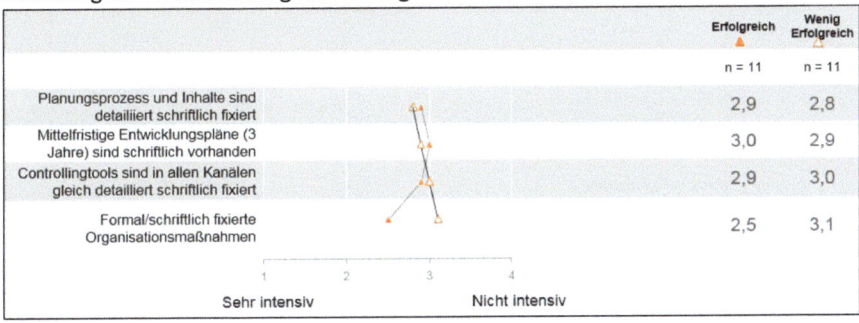

Zusammenfassend lassen die Ergebnisse auf die Aussage schließen, dass erfolgreiche Unternehmen in Struktur und Organisation integrieren, wo Synergieeffekte eine positive Relation zu Kosteneffekten haben. Sobald der Aufwand für eine erhöhte Integration durch eine steigende Komplexität etc. zu hoch wird, verzichten erfolgreiche Unternehmen auf eine volle Integration. An diesen Stellen werden sekundärorganisatorische Maßnahmen wie übergreifende Arbeitsgruppen wichtig, um über enge Kommunikation und Abstimmung den besten Erfolg erzielen zu können.

5.2.8. Controlling und IT

Die Ausführungen im Abschnitt 5.2.8 basieren auf den Antworten der Handelsunternehmen auf die Frage 5: „Inwiefern stimmen Sie folgenden Controlling (und IT) Aspekten zu?"

5.2.8.1. Gesamtstichprobe

Kanalübergreifend und damit integriert werden in hohem Maße die folgenden Controlling-Maßnahmen durchgeführt (Abb. 39):
- Strategische Planung (MW 1,5),
- Finanz-/Investitionsplanung (MW 1,6).

Abbildung 39: Gesamtstichprobe Integration von Multi-Channel-Systemen im Controlling

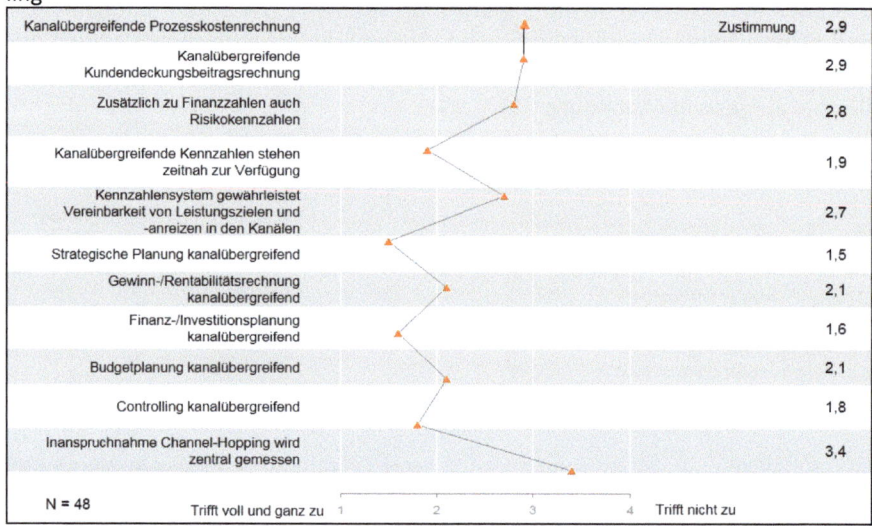

Diese traditionellen Funktionen des Controllings werden durch die Instrumente des kanalübergreifenden Controllings (MW 1,8) sowie die zeitnahe Bereitstellung kanalübergreifender Kennzahlen (MW 1,9) unterstützt. Diese Antworten geben ein Signal für einen insgesamt hohen Integrationsgrad für das Controlling auf der strategischen Ebene. Bei der Budgetplanung auf der taktischen Ebene ist bereits ein geringerer Integrationsgrad festzustellen (MW 2,1).

Eher seltener angewendet werden die in der Literatur empfohlenen Maßnahmen zum kanalübergreifenden Controlling in Multi-Channel-Systemen:

- Kanalübergreifende Prozesskostenrechnung (MW 2,9; wird in 18 Unternehmen durchgeführt),
- Kanalübergreifende Kundendeckungsbeitragsrechnung (MW 2,9; wird in 22 Unternehmen durchgeführt),
- Vereinbarkeit von Leistungszielen- und -anreizen in den Kanälen (MW 2,7; wird in 20 Unternehmen berücksichtigt),
- Zentrale Messung der Inanspruchnahme des Channel-Hoppings (3,4; wird in 12 Unternehmen durchgeführt).

Das eher operative Thema Prozesskostenrechnung spielt gegenüber den strategisch/ taktischen Themen eine untergeordnete Rolle, obwohl es in der Literatur stark diskutiert wird (Schröder 2005, S. 271 ff.; Heinemann 2011, S. 159 ff.).

Außerdem fällt auf, dass das Channel-Hopping nicht zentral gemessen wird. Auch wenn die Schwierigkeiten zur Messung bekannt sind, wäre diese Information ein wesentlicher Beitrag zur Frage: Wie unterstützen sich die unterschiedlichen Vertriebskanäle? Damit bleibt an dieser Stelle auch die Frage offen, ob und wie sich Vertriebskanäle ergänzen oder kannibalisieren.

In der IT kann von einer insgesamt hohen Integration der verschiedenen Kanäle ausgegangen werden (Abbildung 40).

Kanalübergreifende einheitliche Artikelstammdaten (MW 1,6) und Kundenstammdaten (MW 1,7) besitzen ebenfalls hohe Werte. Damit teilt der Multi-Channel-Handel hier ähnliche Themen wie die Industrie. Das ist aus der Tatsache erklärbar, dass einheitliche Stammdaten die Basis sowohl für ein effektives und effizientes Controlling sowie für die Ermöglichung des Channel-Hoppings darstellen.

Die übergreifende Nutzung eines Warenwirtschaftssystems (MW 1,7) gibt einen Hinweis darauf, dass die internen Prozesse der Warenwirtschaft einer hohen Integration unterliegen, auch wenn der Markt mit unterschiedlichen Distributionskanälen versorgt wird. Das entspricht den industriellen Trends, die individuelle Marktbearbeitung und die damit verbundene Komplexität nicht in das Unternehmen hinein zu tragen.

Abbildung 40: Gesamtstichprobe Integration von Multi-Channel-Systemen in der IT

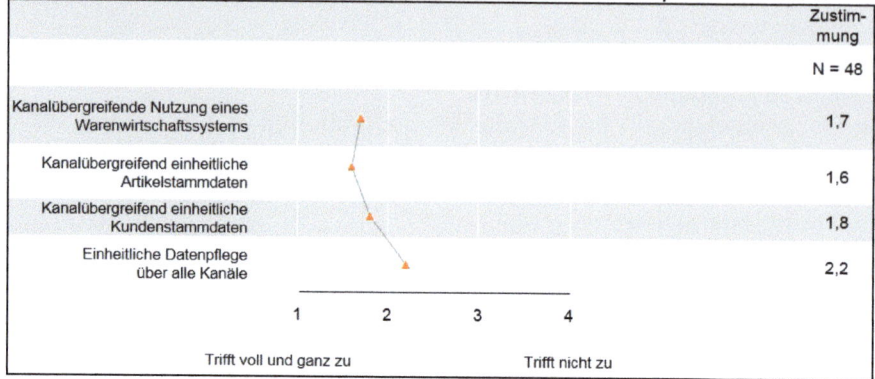

Abbildung 41: Nutzungsintensitäten von Controlling-Instrumenten

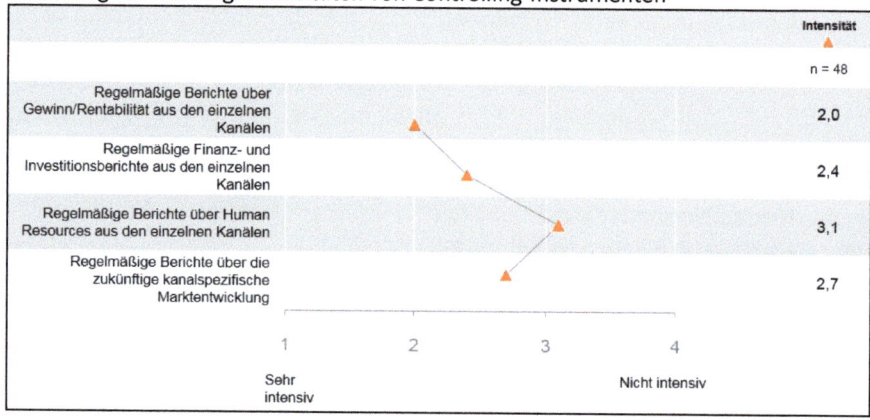

Lediglich die einheitliche Datenpflege über alle Kanäle fällt mit einem Mittelwert von 2,2 (9 Unternehmen betreiben keine kanalübergreifende Datenpflege) von dem hohen Integrationsgrad ab.

Hinsichtlich der Intensität der Nutzung von Controlling-Instrumenten (Frage 6: „Wie intensiv nutzen Sie die folgenden Controlling-Instrumente?") zeigen sich die in Abbildung 41 dargestellten Ergebnisse.

Der MW von 2,0 für regelmäßige Berichte über Gewinn/ Rentabilität aus den einzelnen Kanälen signalisiert, dass klassische Bereiche des Controllings mit Informationen aus der Gewinn- und Verlustrechnung stark genutzt werden. Auch die regelmäßigen Finanz- und Investitionsberichte (MW 2,4) verstärken diesen Eindruck.

Die Intensität der Berichte über die zukünftige kanalspezifische Marktentwicklung liegt eher unter dem Durchschnitt (MW 2,7). Noch seltener werden Berichte aus dem „weichen" Bereich Human Ressources (MW 3,1) genutzt.

5.2.8.2. Kontrastierung nach der strategischen Orientierung

Der größte Unterschied zeigt sich bei der Prozesskostenrechnung mit einer Differenz von 1,6 zwischen den integriert arbeitenden (MW 2,2) und hybrid arbeitenden (MW 3,6) Unternehmen. Dass Firmen mit integriertem Ansatz eine kanalübergreifende Prozesskostenrechnung schätzen, ist aus Gründen der Standardisierung nachvollziehbar. Aus der strategischen Orientierung der fokussierten Unternehmen (MW 3,2) wäre allerdings ein im Vergleich zu den hybriden Firmen niedrigerer Wert zu erwarten gewesen (Abbildung 42).

Abbildung 42: Integration von Multi-Channel-Systemen im Controlling nach strategischen Optionen

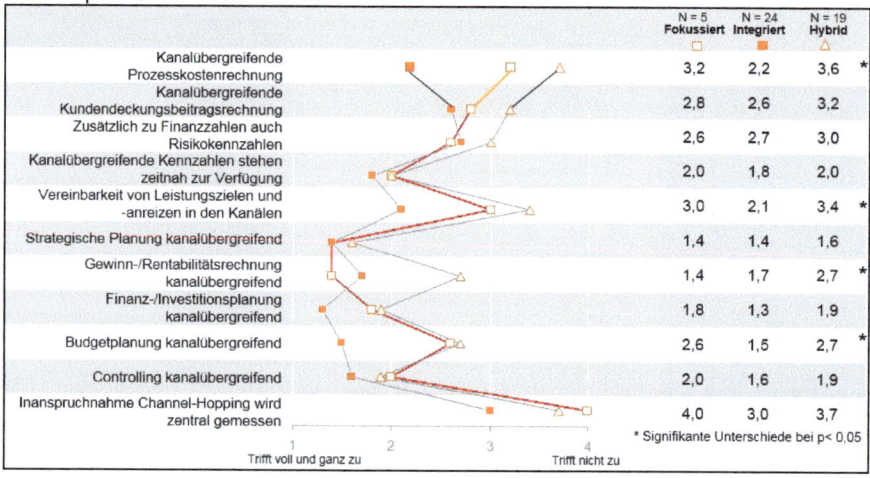

Weitere große Unterschiede finden sich außerdem bei
- der Vereinbarkeit von Leistungszielen und -anreizen in den Kanälen: integrierte Unternehmen MW 2,1, hybride Unternehmen MW 3,4,
- der kanalübergreifenden Gewinn-/Rentabilitätsrechnung: fokussierte Unternehmen MW 1,4; hybride Unternehmen MW 2,7,
- der kanalübergreifenden Budgetplanung: integrierte Unternehmen MW 1,5, hybride Unternehmen MW 2,7, fokussierte Unternehmen MW 2,6.

Im Profil der integriert arbeitenden Unternehmen ist die strategische Grundorientierung zu erkennen. Tendenziell liegen die Mittelwerte dieser Firmen bei den untersuchten Kriterien, mit Ausnahme der kanalübergreifenden Gewinn- und Rentabilitätsrechnung, an der Spitze bzw. mit an der Spitze.

Das Profil der eingesetzten Controlling-Instrumente bestätigt sich bei den genutzten **IT-Instrumenten**. Hier legen die integriert orientierten Unternehmen deutlich mehr Wert auf einheitliche Datenpflege. Die hohe Standardisierung bei den integriert arbeitenden Unternehmen war zu erwarten, ebenso die zum Teil deutlich geringere Standardisierung der hybriden Unternehmen (Abbildung 43).

Bemerkenswert ist das Profil der fokussierten Unternehmen. Bei der kanalübergreifenden Nutzung eines Warenwirtschaftssystems (MW 1,4) und den kanalübergreifenden einheitlichen Kundenstammdaten liegen sie an der Spitze. Hier zeigt sich erneut die hohe Effizienzorientierung der an der Befragung teilnehmenden Unternehmen mit einer fokussierten Grundorientierung. Erwartungsgemäß legen die fokussierten Unternehmen einen geringeren Wert auf die Artikelstammdaten, da profiladäquat das Channel-Hopping nicht forciert werden soll (siehe hierzu auch die Ausführungen zum Marketing in Abschnitt 5.2.12.2).

Abbildung 43: Integration von Multi-Channel-Systemen in der IT nach strategischen Optionen

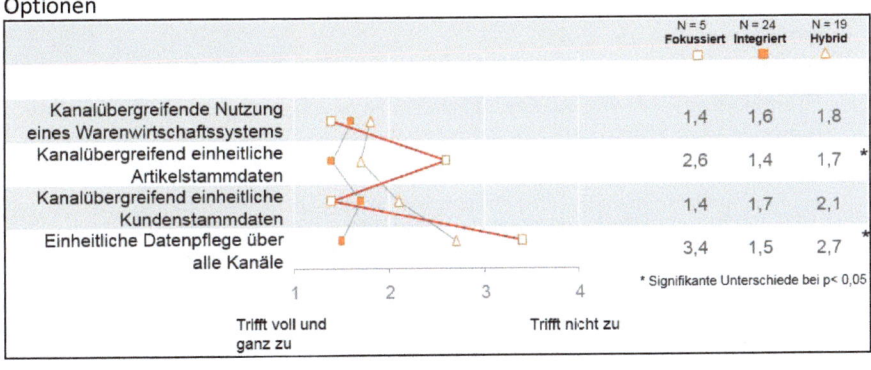

Die **Nutzungsintensität der Controlling-Berichte** über Gewinn/ Rentabilität und Finanzen/ Investitionen liegen auf gleichem bis ähnlichem Niveau. Erwartungsgemäß zeigen sich deutliche Unterschiede zwischen den strategischen Orientierungen hinsichtlich der regelmäßigen Berichte über Human Resources aus den einzelnen Kanälen sowie den Berichten über die zukünftige kanalspezifische Marktentwicklung. Hier agieren die befragten Handelsunternehmen konform zu ihren strategischen Grundorientierungen (Abbildung 44).

Abbildung 44: Nutzungsintensität von Controlling-Instrumenten nach strategischen Optionen

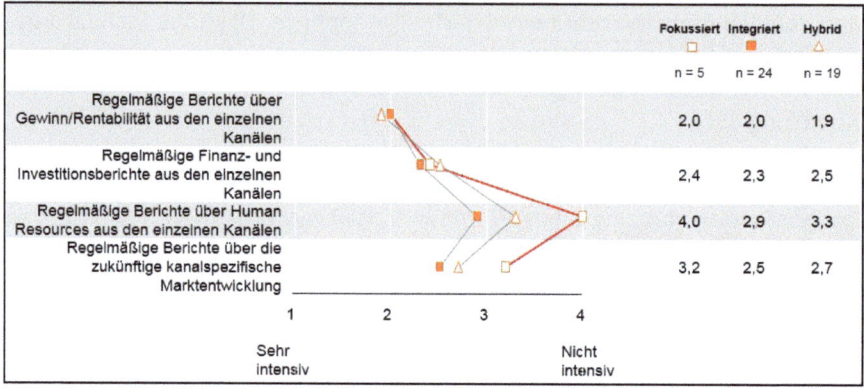

5.2.8.3. Kontrastierung nach dem Erfolg

Bei der Unterscheidung der Controlling-Aspekte nach erfolgreichen und nicht erfolgreichen Unternehmen stellen sich die folgenden Punkte als erfolgsinduzierend heraus (Abbildung 45):

- Die zusätzliche Nutzung von Risikokennzahlen über die Nutzung von Finanzkennzahlen hinaus (erfolgreiche MW 2,5, nicht erfolgreiche Unternehmen MW 3,4),
- Die Durchführung einer kanalübergreifenden Gewinn- und Rentabilitätsrechnung (erfolgreiche Unternehmen MW 2,0, nicht erfolgreiche Unternehmen MW 2,8).

Bemerkenswert sind die beiden folgenden Aspekte:

- Vereinbarkeit von Leistungszielen und -anreizen. Hier weisen die wenig erfolgreichen Unternehmen einen MW von 2,9 auf, die erfolgreichen Unternehmen dagegen einen MW von 3,4,
- Durchführung einer kanalübergreifenden Kundendeckungsbeitragsrechnung (weniger erfolgreiche Unternehmen MW 2,9; erfolgreiche Unternehmen MW 3,4).

Tendenziell lässt sich damit vermuten, dass die beiden oben genannten Instrumente entgegen ihrer Betonung in der Literatur (Schröder 2005, S. 267 f.; Heinemann 2011, S. 159 ff.) nicht zum Erfolg im Multi-Channel-Handel beitragen.

Abbildung 45: Integration von Multi-Channel-Systemen im Controlling – Erfolgreiche vs. wenig erfolgreiche Unternehmen

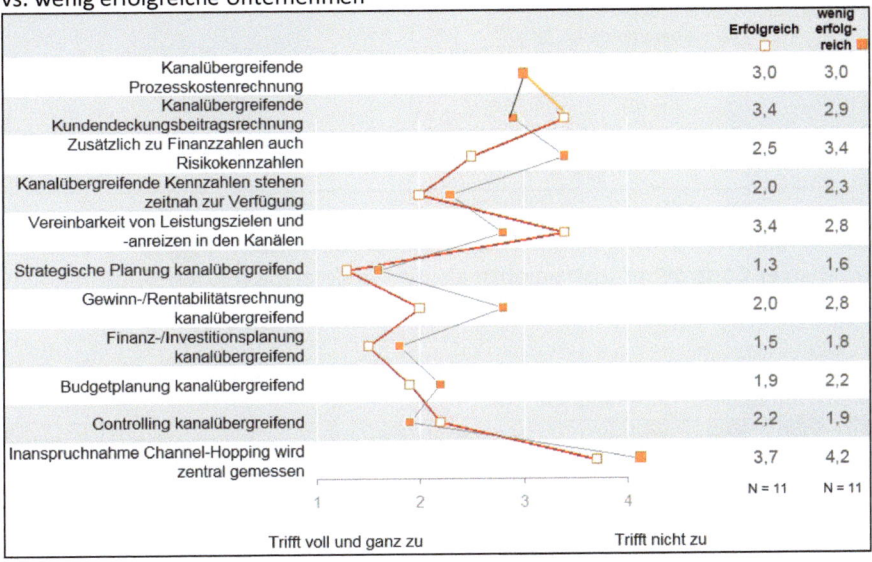

Hinsichtlich des Aspekts der **Integration der IT** (Abb. 46) ist die kanalübergreifende Nutzung eines Warenwirtschaftssystems (MW-Differenz 0,6) eindeutig erfolgswirksam. Die einheitliche Datenpflege über alle Kanäle hinweg ist ebenfalls erfolgsinduzierend (MW-Differenz 0,4). Die kanalübergreifende Verwendung von Kundenstamm- und Artikelstammdaten kann insgesamt gesehen als Standard bezeichnet werden, ohne eine unterscheidbare Erfolgsrelevanz aufzuweisen

Abbildung 46: Integration von Multi-Channel-Systemen in der IT – Erfolgreiche vs. wenig erfolgreiche Unternehmen

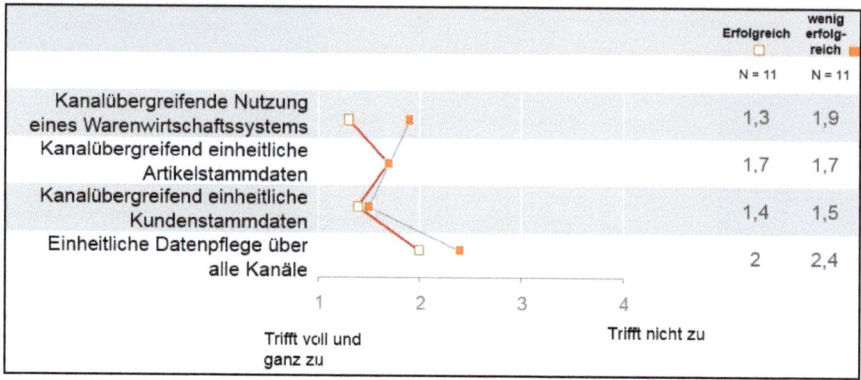

Die erfolgreichen Unternehmen der Stichprobe nutzen insgesamt deutlich **intensiver Controlling-Instrumente** als die wenig erfolgreichen Unternehmen (Abbildung 47).

Abbildung 47: Nutzungsintensität von Controlling-Instrumenten – erfolgreiche vs. wenig erfolgreiche Unternehmen

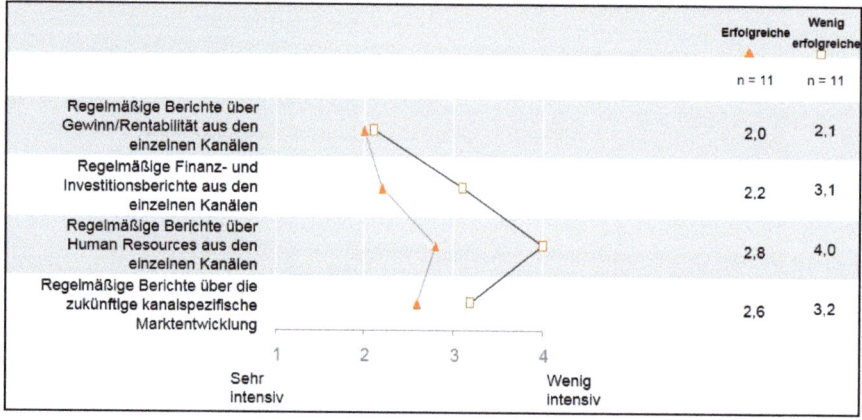

Besonders deutlich werden die Unterschiede bei den folgenden Controlling-Instrumenten:
- Regelmäßige Berichte über Human Resources aus den einzelnen Kanälen (MW Differenz 1,2),
- Regelmäßige Finanz- und Investitionsberichte aus den einzelnen Kanälen (MW-Differenz 0,9) sowie
- Regelmäßige Berichte über die zukünftige kanalspezifische Marktentwicklung (MW-Differenz 0,6)

Dagegen besteht bei der Intensität der Nutzung regelmäßiger Berichte über Gewinn/Rentabilität aus den einzelnen Kanälen kaum ein erfolgswirksamer Unterschied (MW-Differenz 0,1).

5.2.9 Personalmanagement

Der Abschnitt 5.2.9 basiert auf den Antworten der Befragungsteilnehmer auf die Frage 7: „Nun zum Themenkomplex Personal: Inwiefern treffen die folgenden Aspekte auf Ihr Unternehmen zu?"

5.2.9.1. Gesamtstichprobe

Ähnlich wie der Aspekt „Direkte Kommunikation der Mitarbeiter der Kanäle miteinander" im Themenbereich der Organisation (siehe Kapitel 5.3.7) ist auch in diesem Themenbereich der verwandte Punkt „Interne Kommunikation findet kanalübergreifend statt" der über alle Unternehmen hinweg betrachtet wichtigste Aspekt. Prämiensysteme zur Forcierung des Channel-Hoppings der Kunden werden dagegen nur von neun der 48 beteiligten Unternehmen im Rahmen des Personalmanagements eingesetzt (siehe Abbildung 48).

Abbildung 48: Integration von Multi-Channel-Systemen im Personalmanagement - Gesamtstichprobe

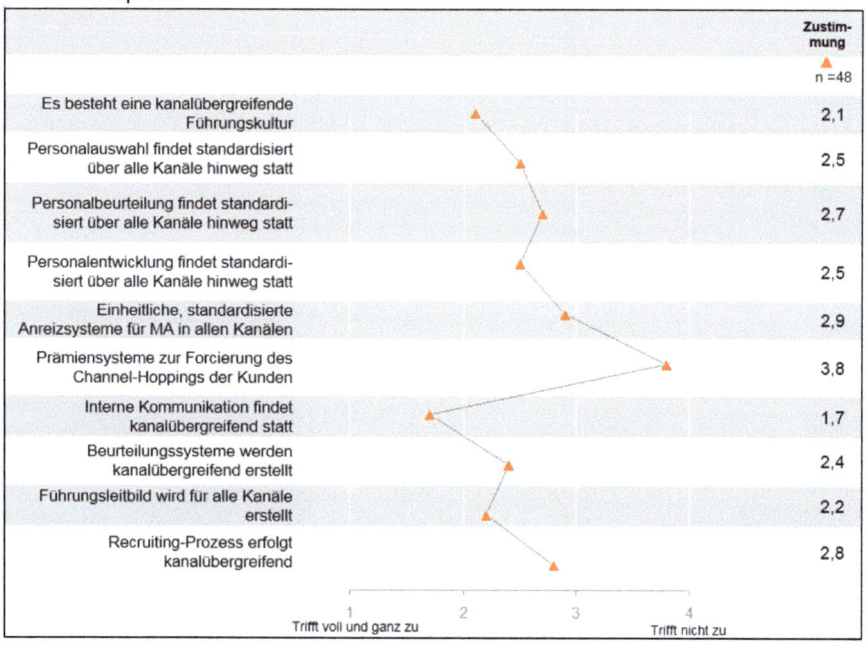

Weiterhin werden die Führungskultur und ein Führungsleitbild recht häufig kanalübergreifend von den befragten Unternehmen genutzt.

Auffällig ist die nur mittelmäßig kanalübergreifende Nutzung von Kernprozessen des Personalmanagements wie Recruitingprozess, Personalauswahl, Anreizsysteme und Personalbeurteilung. Hier wird vermutet, dass die in Abbildung 2 genannten unterschiedlichen – teils gewachsenen – Unternehmenskulturen von Online- und Ladenverkauf akzeptiert und die Unternehmensprozesse darauf abgestimmt werden.

5.2.9.2. Personalmanagement - Kontrastierung nach der strategischen Option

Bei der Betrachtung der Aspekte des Personalmanagements nach strategischen Optionen (Abbildung 49) fällt eine breite Durchmischung der Ergebnisse ohne eine klare einheitliche Trennung nach einzelnen strategischen Optionen auf.

Abbildung 49: Integration von Multi-Channel-Systemen im Personalmanagement nach strategischen Optionen

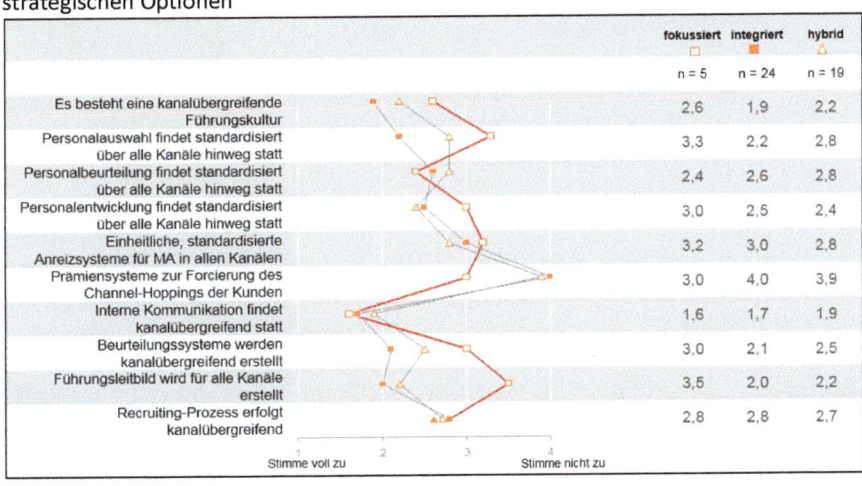

Tendenziell nutzen zwar Unternehmen mit integriertem Ansatz eher ein kanalübergreifendes Personalmanagement als Unternehmen mit fokussiertem Ansatz – Unternehmen mit hybridem Ansatz liegen auch als Mischform häufig dazwischen – es gibt aber auch bei einigen Aspekten Dreher in dieser zunächst zu erwartenden Reihenfolge, beispielsweise bei der Personalbeurteilung, -entwicklung und bei einheitlichen, standardisierten Anreizsystemen.

Eine sehr weite Spanne zwischen dem integrierten Ansatz mit sehr hoher und dem fokussierten Ansatz mit vergleichsweise niedriger Nutzungsintensität ist bei den Aspekten der kanalübergreifenden Führungskultur, Führungsleitbild, Beurteilungssysteme und sogar Personalauswahl zu erkennen. Dies ist folgerichtig, da so eine starke Bindung der einzelnen Kanäle im integrierten Ansatz erreicht wird sowie eine Unabhängigkeit der einzelnen Kanäle im fokussierten Ansatz.

Prämiensysteme zur Forcierung des Channel-Hoppings der Kunden werden entsprechend der Gesamtstichprobe von Unternehmen mit integriertem und hybridem Ansatz sehr selten genutzt, allerdings weicht der fokussierte Ansatz mit einem deutlich höheren Zustimmungsgrad stark ab.

5.2.9.3. Personalmanagement - Kontrastierung nach dem Erfolg

Unter Einbezug des Erfolgs in die Auswertung der Aspekte des Personalmanagements zeigt sich wie bei der Betrachtung über strategische Optionen eine Durchmischung der Ergebnisse ohne einheitliches Ergebnis über das kanalübergreifende Personalmanagement hinweg.

Zunächst haben sowohl erfolgreiche wie auch nicht erfolgreiche Unternehmen erkannt, dass eine kanalübergreifende interne Kommunikation unumgänglich ist. Damit ist der Punkt sicherlich wichtig, um ein Unternehmen erfolgreich zu führen.

Ansonsten zeigen bei einer schon zuvor erwähnten insgesamt mittelmäßigen Nutzung von kanalübergreifenden Instrumenten des Personalmanagements ein paar Aspekte eine höhere wie auch deutlich geringere Nutzung durch erfolgreiche Unternehmen gegenüber den nicht erfolgreichen Unternehmen: Während sich ein kanalübergreifender Recruiting-Prozess mit weitem Abstand als Erfolgskriterium zeigt, wird eine kanalübergreifende Personalauswahl wieder deutlich häufiger von den nicht erfolgreichen Unternehmen durchgeführt. Dies ist plausibel, da so den unterschiedlichen Kulturen und Anforderungen der Kanäle am besten gerecht zu werden ist. Eine standardisierte Personalbeurteilung kann dagegen wieder als stark erfolgsinduzierend angesehen werden.

Abbildung 50: Integration Multi-Channel-Systeme im Personalmanagement – erfolgreiche vs. wenig erfolgreiche Unternehmen

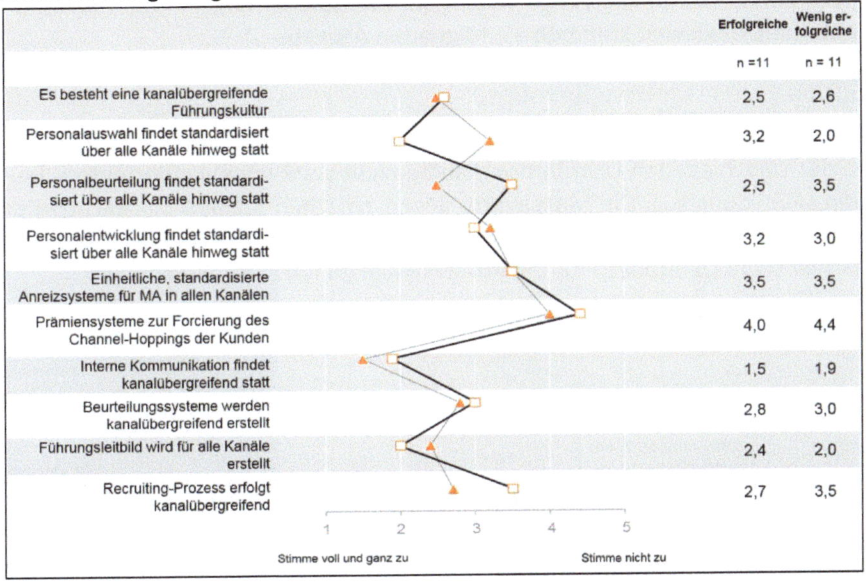

	Erfolgreiche n =11	Wenig erfolgreiche n = 11
Es besteht eine kanalübergreifende Führungskultur	2,5	2,6
Personalauswahl findet standardisiert über alle Kanäle hinweg statt	3,2	2,0
Personalbeurteilung findet standardisiert über alle Kanäle hinweg statt	2,5	3,5
Personalentwicklung findet standardisiert über alle Kanäle hinweg statt	3,2	3,0
Einheitliche, standardisierte Anreizsysteme für MA in allen Kanälen	3,5	3,5
Prämiensysteme zur Forcierung des Channel-Hoppings der Kunden	4,0	4,4
Interne Kommunikation findet kanalübergreifend statt	1,5	1,9
Beurteilungssysteme werden kanalübergreifend erstellt	2,8	3,0
Führungsleitbild wird für alle Kanäle erstellt	2,4	2,0
Recruiting-Prozess erfolgt kanalübergreifend	2,7	3,5

Stimme voll und ganz zu — Stimme nicht zu

Auffällig ist im Vergleich zwischen der Darstellung der Ergebnisse nach Erfolgsgruppen und der Darstellung nach strategischen Optionen, dass weithin die Kriterien, bei welchen Unternehmen mit integriertem Ansatz höher bis deutlich höher in der Nutzungsintensität liegen, nicht erfolgsinduzierend sind. Deutlich ist dies bei der standardisierten, kanalübergreifenden Personalauswahl sowie bei der kanalübergreifenden Führungskultur zu erkennen. Auch bei dem Kriterium eines kanalübergreifend erstellten Führungsleitbildes haben integrierte Unternehmen höhere Nutzungsintensitäten, es zeigt sich aber bei diesem Kriterium keine Differenzierung nach Erfolg.

Offensichtlich sind die Unternehmen erfolgreicher, die zwar auf eine Standardisierung der Personalprozesse setzen, aber erkennen, dass die Anforderungen und auch die kulturellen Aspekte sich zwischen den Kanälen unterscheiden können.

5.2.10.1. Beschaffung

Die Ergebnisse des Abschnitts 5.2.10 beziehen sich auf die Antworten auf die Fragen 11 „Wir bitten Sie nun, Ihr Multi-Channel-System hinsichtlich strategischer Beschaffungsaspekte einzuschätzen. Wie stark unterscheiden sich die folgenden Aspekte in den einzelnen Kanälen voneinander?" und 12 „Nachfolgend nenne ich Ihnen einige Aussagen zur Beschaffung in Multi-Channel-Systemen. Inwieweit stimmen Sie folgenden Aspekten zu?".

5.2.10.1. Gesamtstichprobe

Das Profil der Antworten zeigt, dass sich die strategischen Beschaffungsaspekte der verschiedenen Distributionskanäle nicht stark voneinander unterscheiden (Abbildung 51). Die Mittelwerte liegen zwischen 3,1 und 3,4. Das deutet darauf hin, dass der Order-Penetration-Point im Lager des Händlers liegt und gemeinsame Lieferanten für die Absatzkanäle genutzt werden können.

Abbildung 51: Unterschiede hinsichtlich strategischer Beschaffungsaspekte

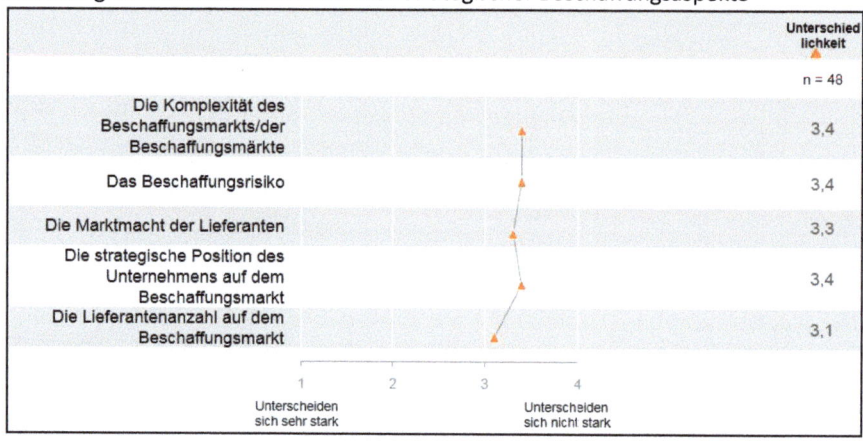

Hinsichtlich des Integrationsgrades der Beschaffung zeigen sich die folgenden Ergebnisse (Abb. 52). Am stärksten integriert sind die Multi-Channel-Systeme bei den folgenden beschaffungsstrategischen Aspekten:
- Verknüpfung der Bedarfs- und Bestandsplanung der Kanäle (MW 1,9),
- Kanalübergreifende Verfolgung der gleichen Beschaffungsziele (MW 1,9),
- Existenz eines kanalübergreifenden strategischen Einkaufs (MW 2,2),

- Bedarfsplanung wird kanalübergreifend durchgeführt (MW 2,3) und
- Kanalübergreifend gleiche Beschaffungsstrategien (MW 2,4).

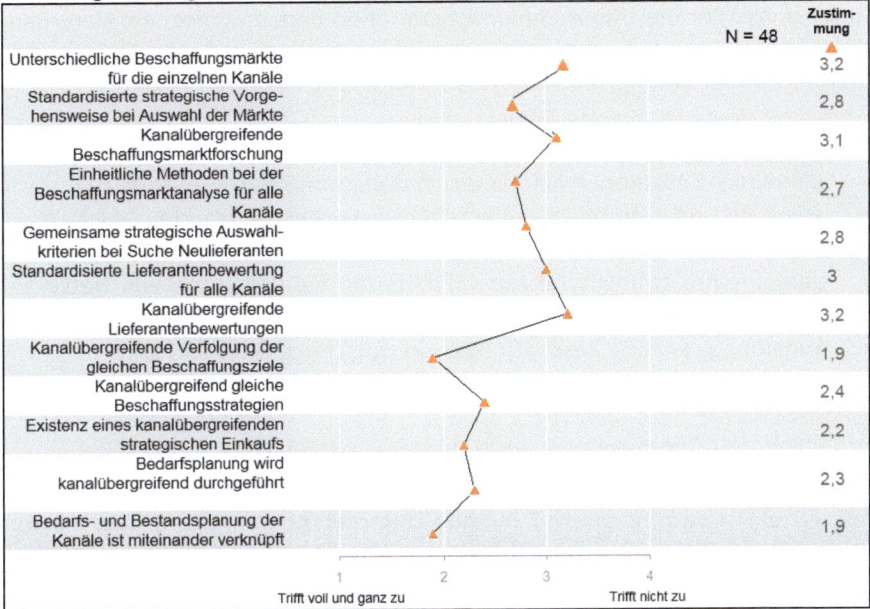

Abbildung 52: Integration von Multi-Channel-Systemen in der Beschaffung

Diese Punkte signalisieren die Bedeutung eines kanalübergreifenden einheitlichen strategischen Einkaufs. In der Literatur weist vor allem Kraljic auf Möglichkeiten hin, das Produktsortiment eines Unternehmens in vier Gruppen zu klassifizieren (Non Critical Items, Bottleneck Items, Leverage Items und Strategic Items; Kraljic 1983). Aufbauend auf der Klassifikation und den damit verbundenen Empfehlungen können beispielsweise kanalübergreifend gleiche Beschaffungsstrategien formuliert werden, zu denen das Modell konkrete Anhaltspunkte liefert. Außerdem werden Handlungsempfehlungen zur Organisation des Unternehmens gegeben. Beispielsweise soll der Einkauf der Strategic Items direkt durch den Einkaufschef verantwortet werden. Der Fokus liegt dabei eher auf der langfristigen Verfügbarkeit der eingekauften Materialien und damit auf Effektivitätsaspekten. Bei den Non Critical Items (z.B. Bürobedarf) wird dagegen eine dezentralisierte Organisation mit hohem Potenzial zur Effizienzsteigerung in den Prozessen vorgeschlagen. In jedem Fall ist aus diesem Modell, neben konkreten Handlungsempfehlungen, zu entnehmen, dass es für Unternehmen nicht die „One fits all" Strategie gibt.

Hervorgehoben werden soll hier die gemeinsame Zielsetzung der Beschaffungskanäle. Für die Unternehmensorganisation bedeutet dies, die klare und eindeutige Kommunikation von Unternehmenszielen und -strategien vom Marketing über die Logistik bis hin zur Beschaffung zu gewährleisten.

Eher wenig integriert sind folgende Beschaffungsaspekte:
- einheitliche Methoden bei der Beschaffungsmarktanalyse (MW 2,7),
- standardisierte strategische Vorgehensweise bei der Marktauswahl (MW 2,8),
- gemeinsame strategische Auswahlkriterien bei der Suche von Neulieferanten (MW 2,8),
- kanalübergreifende Beschaffungsmarktforschung (MW 3,1) und
- kanalübergreifende Lieferantenbewertungen (MW 3,2).

5.2.10.2. Kontrastierung nach der strategischen Orientierung

Bei den Beschaffungsaspekten unterscheiden sich fokussierte Unternehmen auf der einen und integrierte/ hybride Unternehmen auf der anderen Seite (Abb. 53). Die fokussierten Unternehmen sehen eher Unterschiede auf den Beschaffungsmärkten. Allein der strategische Ansatz dieser Unternehmen lässt dieses Ergebnis erwarten. Dass sie die Beschaffungsmärkte eher unterschiedlich sehen, kann dabei Ursache und/ oder Wirkung der organisatorischen Fokussierung sein.

Besonders auffällig ist, dass die fokussierten Unternehmen mit einem MW von 2,2 relativ starke Unterschiede in der Marktmacht der Lieferanten für die unterschiedlichen Kanäle sehen. Die hybriden (MW 3,5) und die integrierten Unternehmen (MW 3,3) sehen hier deutlich geringere Unterschiede. Gerade bei der Bedeutung der Marktmacht der Lieferanten für die unterschiedlichen Beschaffungsstrategien (Kraljic 1983, S. 114 f.), wäre eine weitergehende Analyse bezüglich der Stärkung der eigenen Marktmacht gegenüber den Lieferanten bedenkenswert.

Hybride beziehungsweise integriert ausgerichtete Unternehmen unterscheiden sich in der Bewertung der Beschaffungsaspekte eher weniger. Ausnahme ist hier die Einschätzung zur Lieferantenanzahl. Hier liegen die hybriden Unternehmen bei einem MW von 2,9, die integrierten bei einem MW von 3,5.

Abbildung 53 Unterschiede hinsichtlich strategischer Beschaffungsaspekte nach strategischen Optionen des Multi-Channel-Managements

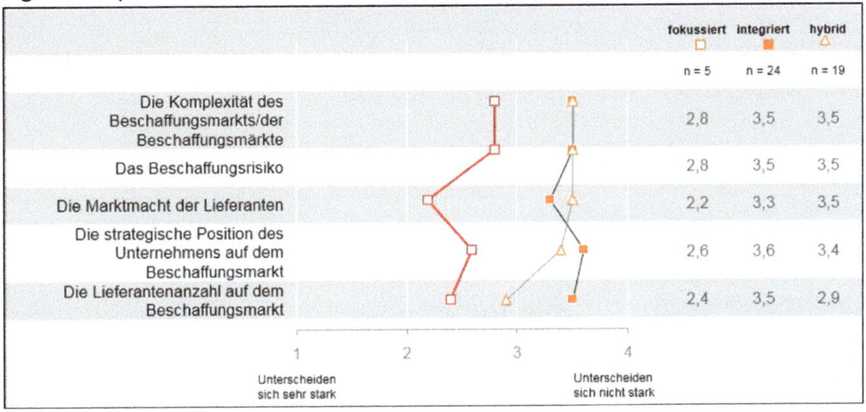

	fokussiert (n = 5)	integriert (n = 24)	hybrid (n = 19)
Die Komplexität des Beschaffungsmarkts/der Beschaffungsmärkte	2,8	3,5	3,5
Das Beschaffungsrisiko	2,8	3,5	3,5
Die Marktmacht der Lieferanten	2,2	3,3	3,5
Die strategische Position des Unternehmens auf dem Beschaffungsmarkt	2,6	3,6	3,4
Die Lieferantenanzahl auf dem Beschaffungsmarkt	2,4	3,5	2,9

(1 Unterscheiden sich sehr stark – 4 Unterscheiden sich nicht stark)

Die unterschiedliche Sicht auf die Beschaffungsmärkte spiegelt sich auch bei der Integration unterschiedlicher Beschaffungsaspekte wider (Abbildung 54).

Größere Unterschiede (Spanne größer/ gleich 1,0) zeigen sich bei den folgenden Punkten, bei denen der integrierte Ansatz strategiekonform jeweils den höchsten Integrationsgrad aufweist:
- gemeinsame strategische Auswahlkriterien bei Suche von Neulieferanten (integriert MW 2,5, hybrid MW 2,9 und fokussiert MW 4,2),
- standardisierte Lieferantenbewertungen für alle Kanäle (integriert MW 2,5, hybrid MW 3,6 und fokussiert MW 4,2),
- einheitliche Methoden bei der Beschaffungsmarktanalyse (integriert MW 2,4, hybrid MW 2,8, fokussiert MW 3,4).

Bei der kanalübergreifenden Beschaffungsmarktforschung haben die Unternehmen des hybriden Ansatzes dagegen den höchsten Integrationsgrad und liegen deutlich über den integriert arbeitenden Organisationen (hybrid MW 2,7, integriert MW 3,4, fokussiert MW 4,0).

Die Mittelwerte der anderen Beschaffungsaspekte liegen für die fokussiert und die integriert arbeitenden Unternehmen eng beieinander. Die Ergebnisse überraschen insofern, als die Bewertung der hybriden Unternehmen nicht entsprechend der strategischen Orientierung erwartungskonform in der Mitte zwischen integriert bzw. fokussiert arbeitenden Unternehmen liegt. Speziell hinsichtlich der ausgeprägten Integration der fokussierten Unternehmen bei den Aspekten „Existenz eines kanalübergreifenden strategischen Einkaufs", „Bedarfsplanung wird kanalübergreifend durchgeführt" und „Bedarfs- und Bestandsplanung der Kanäle sind miteinander verknüpft" zeigt sich einmal mehr deren ausgeprägte Synergieorientierung.

Abbildung 54: Integration von Multi-Channel-Systemen in der Beschaffung nach strategischen Optionen

	N = 5 fokussiert	N = 24 integriert	N = 19 hybrid
Unterschiedliche Beschaffungsmärkte für die einzelnen Kanäle	3,4	3,5	2,9
Standardisierte strategische Vorgehensweise bei Auswahl der Märkte	2,8	2,6	3,2
Kanalübergreifende Beschaffungsmarktforschung	4,0	3,4	2,7
Einheitliche Methoden bei der Beschaffungsmarktanalyse für alle Kanäle	3,4	2,4	2,8
Gemeinsame strategische Auswahlkriterien bei Suche von Neulieferanten	4,2	2,5	2,9
Standardisierte Lieferantenbewertung für alle Kanäle	2,8	2,5	3,6
Kanalübergreifende Lieferantenbewertungen	2,8	3,1	3,4
Kanalübergreifende Verfolgung der gleichen Beschaffungsziele	2,0	1,8	2,1
Kanalübergreifend gleiche Beschaffungsstrategien	2,3	2,2	2,6
Existenz eines kanalübergreifenden strategischen Einkaufs	1,8	2,0	2,6
Bedarfsplanung wird kanalübergreifend durchgeführt	1,8	2,1	2,7
Bedarfs- und Bestandsplanung der Kanäle sind miteinander verknüpft	1,6	1,6	2,3

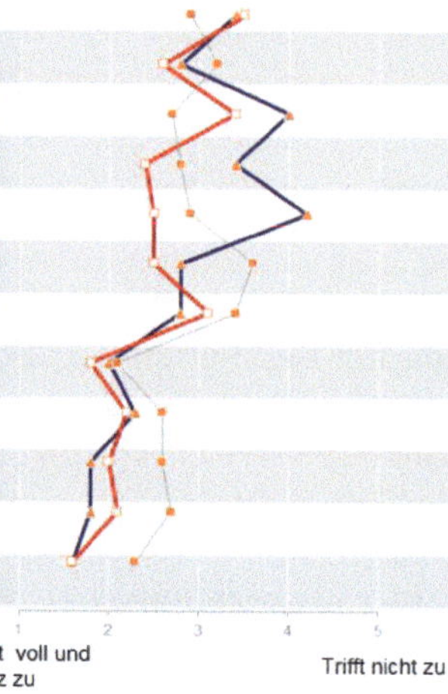

Trifft voll und ganz zu   Trifft nicht zu

5.2.10.3. Kontrastierung nach dem Erfolg

Im Bereich der strategischen Beschaffungsaspekte zeigt sich, dass die erfolgreichen Unternehmen einen deutlich geringeren Unterschied strategischer Beschaffungsaspekte zwischen den verschiedenen Kanälen sehen (Abbildung 55). Wenn diese Unternehmen die Unterschiede geringer einschätzen, werden sich auch die Strategien am Beschaffungsmarkt weniger unterscheiden. Woraus tendenziell eine höhere Marktmacht gegenüber den Lieferanten entsteht.

Abbildung 55: Unterschiede hinsichtlich strategischer Beschaffungsaspekte – Erfolgreiche vs. wenig erfolgreiche Unternehmen

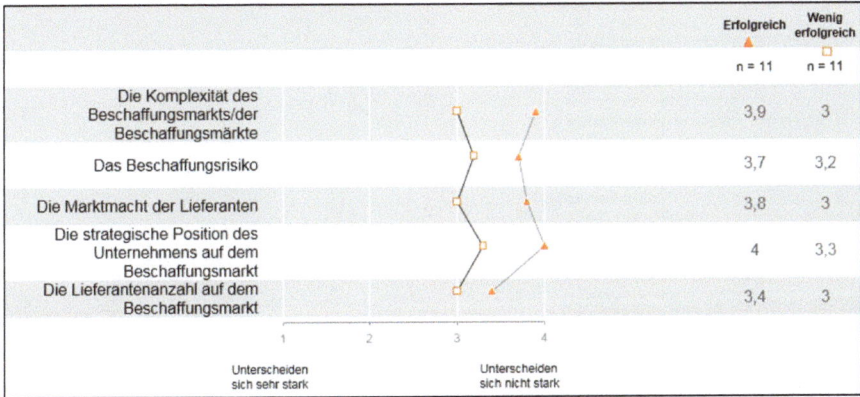

Im Rahmen der Beschaffung in Multi-Channel-Systemen des Handels zeigt sich deutlich, dass eine höhere Integration vor allem in den folgenden Aspekten erfolgswirksam ist (Abbildung 56):
- Kanalübergreifende Verfolgung der gleichen Beschaffungsziele (MW-Differenz 1,0),
- Existenz eines kanalübergreifenden strategischen Einkaufs (MW-Differenz 1,0),
- Verknüpfung der Bedarfs- und Bestandsplanung der Kanäle (MW-Differenz 0,9),
- Kanalübergreifend durchgeführte Bedarfsplanung (MW-Differenz 0,6).

Insbesondere die beiden erstgenannten Punkte sind für den strategischen Einkauf ausgesprochen bemerkenswert. Zeigen sie doch die Erfolgswirkung einheitlicher Strategien und Ziele und damit eines hohen Integrationsgrades gegenüber den Lieferanten. Dies scheint auch aus theoretischer Sicht sinnvoll (Kraljic 1983, S. 109 f.). Denn Kraljic fordert für die das Supply Management (Einkauf der Strategic Items) eine einheitliche Verantwortung in der obersten Ebene.

Abbildung 56: Integration von Multi-Channel-Systemen in der Beschaffung – erfolgreiche vs. wenig erfolgreiche Unternehmen

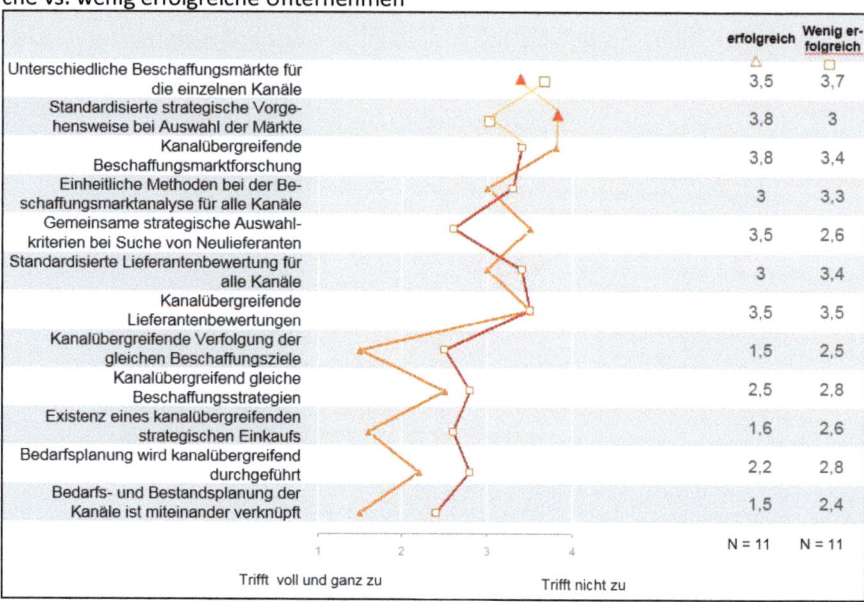

Keine erfolgsinduzierende Wirkung entfalten folgende Aspekte:
- Gemeinsame strategische Auswahlkriterien bei der Suche von Neulieferanten (MW-Differenz -0,9),
- Standardisierte strategische Vorgehensweise bei der Auswahl der Beschaffungsmärkte (MW-Differenz -0,8),
- Kanalübergreifende Beschaffungsmarktforschung (MW-Differenz -0,4).

5.2.11 Logistik

Der Abschnitt 5.2.11 basiert auf den Antworten der Befragungsteilnehmer auf die Frage 13: „Kommen wir nun zu der Ausgestaltung der Logistik in Multi-Channel-Systemen. Inwieweit treffen die folgenden Aspekte auf Ihr Unternehmen zu?".

5.2.11.1. Gesamtstichprobe

Die Logistik zeichnet sich insgesamt durch einen hohen Integrationsgrad aus: Der Integrationsindex der Logistik ist im Vergleich zu den anderen Unternehmensdisziplinen einer der höchsten Werte (MW = 2,08; besser ist nur die IT mit MW = 1,83; siehe Kap. 5.2.13). Die Unternehmen scheinen also erkannt zu haben, dass eine aufwandsminimierende Konsolidierung der logistischen Prozesse für alle Vertriebskanäle ein wichtiger Enabler ist.

Ein Baustein ist dabei eine kanalübergreifend logistische Leitung, welche in der Umfrage eine relativ hohe Zustimmung erhält (MW = 2,0). Dies ist konsistent zu der in Kap. 5.2.9.1 gezeigten hohen Nutzungsintensität einer kanalübergreifenden Führungskultur und eines -leitbildes.

Abbildung 57: Integration von Multi-Channel-Systemen in der Logistik I

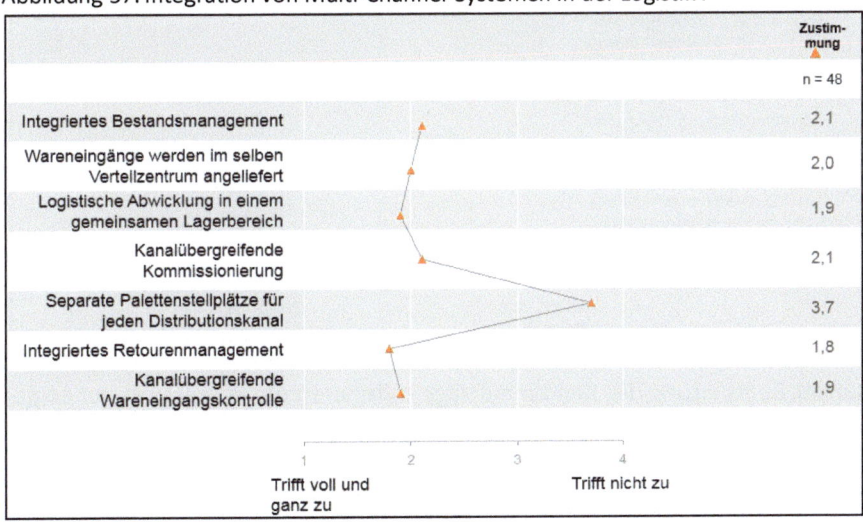

Weiterhin wird ein weitgehend integriertes Bestandsmanagement betrieben (MW = 2,1). Dieser Befund steht in engem Zusammenhang zu der erfolgsinduzierenden Wirkung einer über die Kanäle hinweg verbundenen Bedarfs- und Bestandsplanung in der Beschaffung (siehe Abschnitt 5.2.10.3). Ein noch höherer Wert wird vermutlich durch die eher mittlere Ausprägung einer gemeinsamen Sortimentsgestaltung verhindert (MW = 2,3; siehe Abbildung 65, Abschnitt 5.2.12.1).

Der Wareneingang („Wareneingangskontrolle") wird von einer Mehrheit der Befragten von den verschiedenen Vertriebskanälen gemeinsam betrieben (MW = 1,9). Der ebenfalls hohe Wert eines integrierten Qualitätsmanagements (MW = 2,0) ist durch den engen Zusammenhang der beiden Prozesse folgerichtig. Bei den befragten Unternehmen konnte zudem ein hoher Anteil an gemeinsamen Lagerbereichen etabliert werden (MW = 1,9).

Abbildung 58: Integration von Multi-Channel-Systemen in der Logistik II

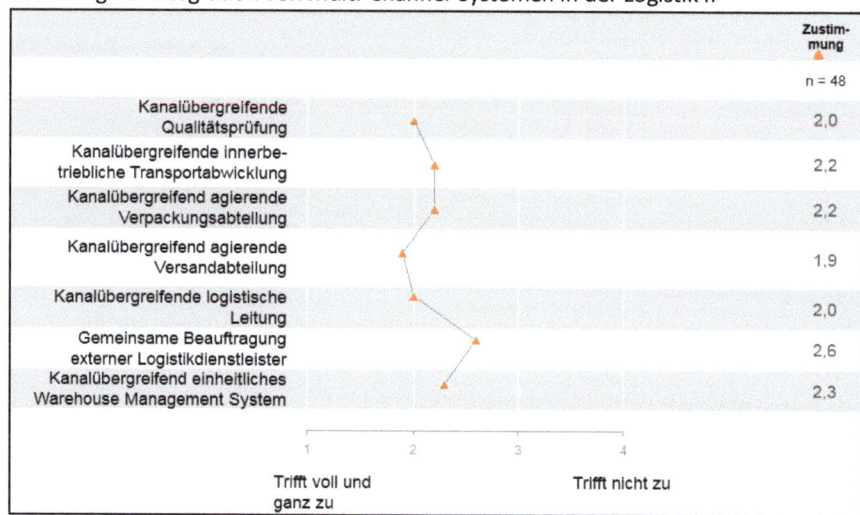

Bei der Bearbeitung der Kundenaufträge differieren die Prozesse in der Logistik zwischen den Vertriebskanälen etwas häufiger. Erst im Versand können die Prozesse wieder verstärkt integriert werden.

So sind eine kanalübergreifende Kommissionierung (MW = 2,1) und die Verpackungsprozesse (MW = 2,2) laut Befragungsergebnis genauso nur durchschnittlich integriert wie auch das innerbetriebliche Transportmanagement (ebenfalls MW = 2,2). Die Versandabteilung erreicht dagegen einen guten Wert und ist sehr häufig für alle Vertriebskanäle gemeinsam verantwortlich (MW = 1,9).

Das Retourenmanagement, ein über alle Vertriebskanäle hinweg heikler Kostentreiber in der Logistikkette, ist besonders integriert ausgeprägt (MW = 1,8). Dieses Ergebnis bestätigt auch die Ergebnisse der Frage 2, nach welchen den Kunden sowohl die an einen zentralen Punkt zurückgesendete Retoure als auch die Retoure im Ladenlokal für beide Vertriebskanäle in hohem Maße gleichermaßen angeboten werden. An eine solche vertriebskanalübergreifend gleiche Steuerung der Kunden kann und sollte ein dann stark integriertes logistisches Retourenmanagement anschließen, um die anfallenden Prozesskosten durch Bündelung minimal zu halten.

5.2.11.2. Logistik - Kontrastierung nach der strategischen Option

Die Logistik weist vergleichsweise geringe Unterschiede bei den einzelnen Aspekten zwischen den strategischen Optionen aus (Abbildungen 59 und 60).

Abbildung 59: Integration von Multi-Channel-Systemen in der Logistik nach strategischen Optionen I

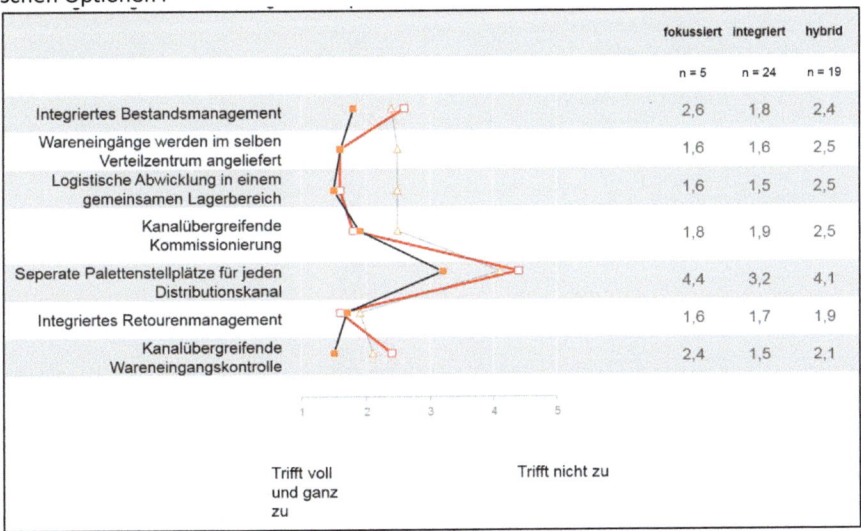

Erwartungsgemäß sind die Prozesse der integrierten Option weitgehend besser verzahnt bzw. verschmolzen als bei der hybriden Option. Die integrierte Option setzt sich beispielsweise bei der Integration des Bestandsmanagements der verschiedenen Vertriebskanäle sehr deutlich in der Zustimmung von den anderen Optionen ab. Entsprechend der Gesamtstichprobe korrelieren die Ergebnisse für eine kanalübergreifende Organisation von Wareneingangskontrolle, Qualitätsprüfung und damit eng verzahnt auch einer logistischen Abwicklung in gemeinsamen Lagerbereichen. In diesem Themenblock trifft eine Integration am Ehesten für die integrierte Option zu, die hybride Option ist dieser Form der Organisation wiederum eher zugeneigt als die fokussierte Option. Allerdings wäre bei der Separierung von Palettenstellplätzen eine wesentlich größere Negierung durch die integrierte Option konsequent gewesen.

Abbildung 60: Integration von Multi-Channel-Systemen in der Logistik nach strategischen Optionen II

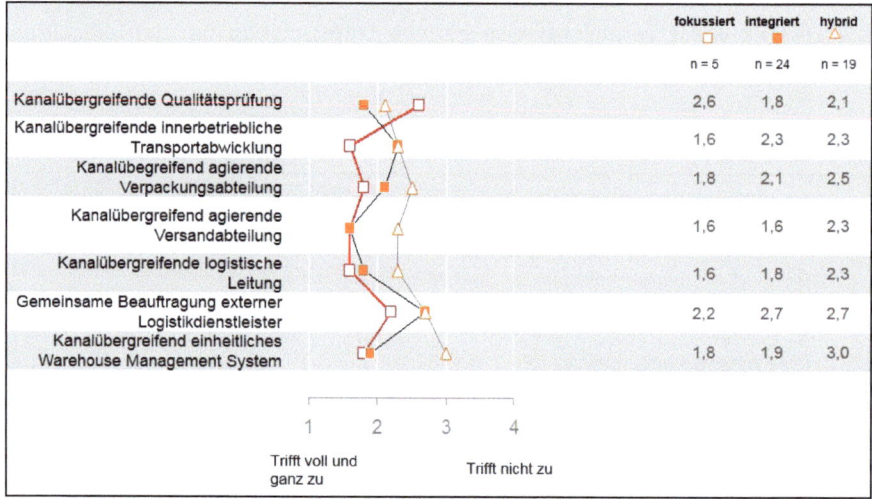

Die fokussierte Option müsste nach ihrer Definition durchgängig die geringsten Mittelwerte aufweisen. Überraschend ist dies, wenn auch bei geringer Stichprobengröße, jedoch nicht der Fall. Ausgerechnet bei den versandnahen Prozessen, die aufgrund der teils stark unterschiedlichen Auftragsgrößen in die höhere Kunst der Integration fallen dürften, schließt die fokussierte mit der integrierten Option auf und zeigt über weite Strecken sogar eine deutlich höhere Integration!

Interessanterweise wird sogar eine kanalübergreifende logistische Leitung als Grundbaustein einer soliden Integration von den Unternehmen mit fokussierter Option eher angewendet, auch wenn die integrierte Option dicht darauf folgt. Die Beauftragung von externen Dienstleistern wird ebenfalls gegenüber der integrierten Option leicht und gegenüber der hybriden Option sogar deutlich eher kanalübergreifend organisiert. Auch bezüglich eines kanalübergreifend einheitlichen Warehouse Managements fällt der hohe Zustimmungsgrad der fokussierten Unternehmen auf. Hier zeigen die Befragungsergebnisse eine Divergenz gegenüber den reinen Definitionen der Optionen.

5.2.11.3. Logistik - Kontrastierung nach dem Erfolg

Im Bereich der Logistik zeigt sich unter Berücksichtigung eines insgesamt hohen Integrationsgrades bei den erfolgreichen Unternehmen ein noch höheres Niveau der Integration als bei den wenig erfolgreichen Unternehmen (Abbildungen 61 und 62).

Abbildung 61: Integration von Multi-Channel-Systemen in der Logistik – Erfolgreiche vs. wenig erfolgreiche Unternehmen I

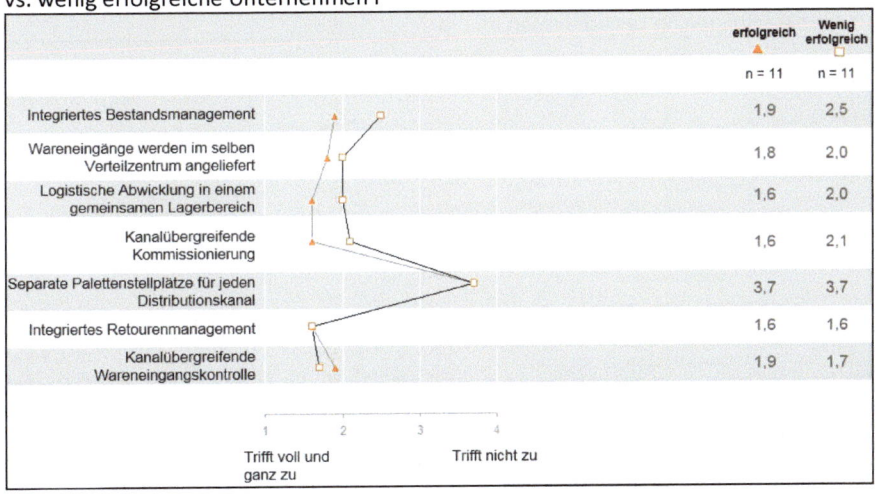

Bei einigen Aspekten sind deutliche Unterschiede hinsichtlich der logistischen Integration zwischen erfolgreichen und wenig erfolgreichen Unternehmen zu konstatieren.

So zeigt sich auch in der Logistik der hohe Stellenwert der IT für die befragten Unternehmen. Der Aspekt eines kanalübergreifend einheitlichen Warehouse Management Systems zeigt eine der größten Lücken zwischen erfolgreichen und nicht erfolgreichen Unternehmen auf (MW-Differenz 0,7). Während die Gesamtstichprobe noch ein mittleres Zutreffen für die Unternehmen beschrieben hat und damit dicht bei den wenig erfolgreichen Unternehmen liegt, zeigt der Wert für die erfolgreichen Unternehmen eine deutlich stärkere Vereinheitlichung der IT.

Die deutlichste Differenz zeigt sich interessanterweise aber bei einer kanalübergreifenden innerbetrieblichen Transportabwicklung (MW-Differenz 1,0). Die Auswirkung dieses Hilfsprozesses auf den Gesamterfolg eines Unternehmens wird zwar wahrscheinlich gering sein, eine genauere Analyse ist aus der aktuellen Befragung jedoch leider nicht abzuleiten und bedarf weiterer Untersuchungen.

Abbildung 62: Integration von Multi-Channel-Systemen in der Logistik – Erfolgreiche vs. wenig erfolgreiche Unternehmen II

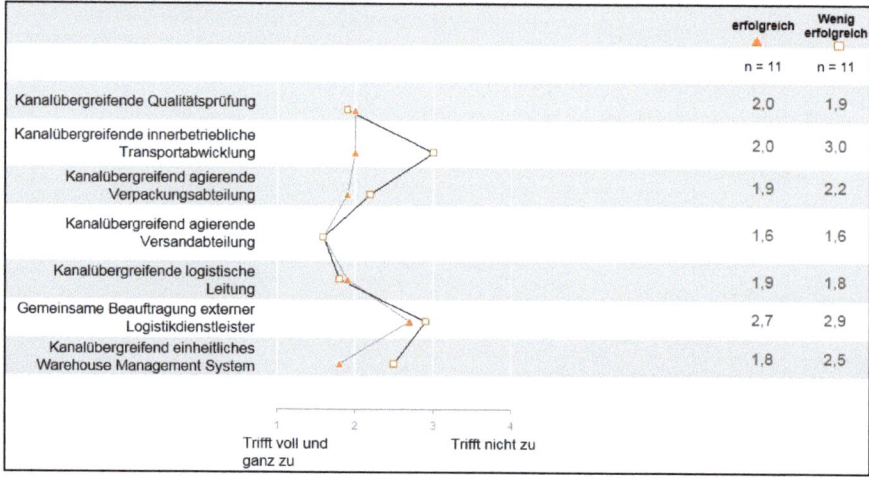

Sehr logisch im Gesamtkontext erscheint die kanalübergreifende Kommissionierung (MW-Differenz 0,5) als ein wichtiges Standbein eines erfolgreichen Unternehmens im Multi-Channel-Management im Bereich Logistik, da sich hier – wie schon zuvor beschrieben – die größten Prozessdifferenzen für die einzelnen Vertriebskanäle zeigen.

Das integrierte Bestandsmanagement, worauf die Gruppe der Unternehmen mit integrierter Option (siehe Kap. 5.2.11.2) stark setzt, zeigt sich ebenfalls als ein wichtiges Unterscheidungsmerkmal der erfolgreichen von den wenig erfolgreichen Unternehmen (MW-Differenz 0,6).

Die logistische Abwicklung in einem gemeinsamen Lagerbereich (MW-Differenz 0,4), auch schon in der Gesamtstichprobe mit einem hohen Mittelwert herausragend, schließt den Kreis der Aspekte, über die sich die erfolgreichen und wenig erfolgreichen Unternehmen im Bereich der Logistik nennenswert unterscheiden.

5.2.12 Marketing

Die Fragestellungen zum Marketing umfassten die zum Einsatz kommende Markenstrategie, die Marketinginstrumente, welche zwischen Online- und Stationärhandel wirklich vergleichbar sind sowie die Marketingprozesse. Die Ergebnisse basieren auf den folgenden Fragen:

- Frage 14: „Welche Markenstrategie betreibt Ihr Unternehmen in Bezug auf die unterschiedlichen Kanäle? Geben Sie bitte an, welche Markenstrategie Ihr Unternehmen aktuell verfolgt."
- Frage 15: „Kommen wir nun zur Ausgestaltung des Marketings im Multi-Channel-Handel. Wie kanalübergreifend standardisiert werden die nachfolgend aufgeführten Marketing-Instrumente eingesetzt auf einer Skala von 1 „vollkommen standardisiert" bis 5 „überhaupt nicht standardisiert"?"
- Frage 16: „Kommen wir nun zu Marketing-Prozessen: Inwiefern treffen die folgenden Aspekte auf Ihr Unternehmen zu auf einer Skala von 1 „trifft voll und ganz zu" bis 5 „trifft überhaupt nicht zu"?"

Entsprechend werden in den folgenden Abschnitten jeweils die Ergebnisse zu allen drei Aspekten dargestellt.

5.2.12.1. Gesamtstichprobe

Markenstrategie
Als Alternativen wurden die integrierte Markenstrategie, die kombinierte Markenstrategie sowie die isolierte Markenstrategie abgefragt. Operationalisiert wurden die Markenstrategien durch folgende Merkmale (vgl. Heinemann 2011, S. 130):

- Integrierte Markenstrategie: Integriertes Markenmanagement der Kanäle unter einer Marke; einheitliche Kommunikation und Umsetzung des Markenversprechens; Markenpositionierung spiegelt sich in allen Kanälen wider;
- Kombinierte Markenstrategie: Verbindung vorhandener Markenelemente der Kernmarke mit internetspezifischen Bestandteilen zu einer kombinierten Marke - z.B. edeka24; Unterstreichung Eigenständigkeit und Unabhängigkeit der Kanäle;

- Isolierte Markenstrategie: Ansprache verschiedener Zielgruppen und bewusste Vermeidung jeglicher Assoziationen zwischen den Kanälen; unterschiedliche Markenpositionierungen.

Abbildung 63 zeigt Beispiele zu den jeweiligen Markenstrategien.

Abbildung 63: Beispiele für Markenstrategien im Multi-Channel-Handel (eigene Erstellung)

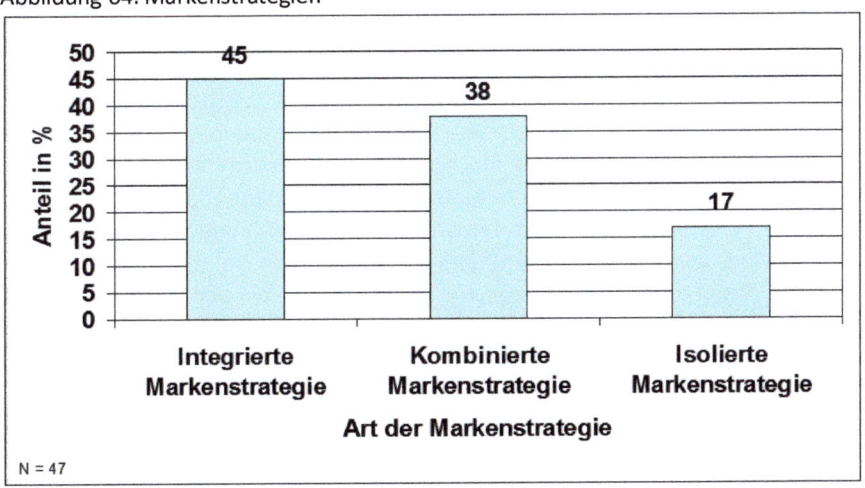

Abbildung 64: Markenstrategien

Am häufigsten, d.h. von 21 Unternehmen bzw. 45 % der Stichprobe, wird die integrierte Markenstrategie genutzt. 38 % der Stichprobe bzw. 19 Unternehmen setzen eine kombinierte Markenstrategie ein. Die isolierte Markenstrategie wird lediglich von 17 % bzw. neun Unternehmen genutzt (Abbildung 64).

Die Ergebnisse der vorliegenden Studie unterstützen den von Heinemann bereits 2011 beschriebenen Trend von den zu Beginn des Multi-Cannel-Handels vorherrschenden isolierten Online-Markenauftritten zur „Integrierten Markenstrategie" (vgl. Heinemann 2011, S. 49).

Marketing-Instrumente
Untersucht wurden Marketing-Mix-Instrumente des Handels, die hinsichtlich Ihrer Inhalte bezüglich der beiden Kanäle Online und Offline auch wirklich miteinander verglichen und entsprechend standardisiert werden können. Dies führte dazu, dass Mix-Instrumente, wie beispielsweise die Verkaufsraumgestaltung sowie die Verkaufspersonalpolitik nicht in die Untersuchung aufgenommen wurden (vgl. zum Marketing-Mix des Einzelhandels Berekoven 1990, S. 74 ff.).

Insgesamt kann bei der Stichprobe von einem hohen Standardisierungsgrad des Marketing-Mix gesprochen werden. Am stärksten standardisiert wird die Servicepolitik (MW 1,8) betrieben, den geringsten Standardisierungsgrad weist in der Stichprobe die Kundenpolitik auf (MW 2,4). Relativ differenziert mit einem Mittelwert von je 2,3 werden die Kernleistungen, die Sortiments- sowie die Preispolitik betrieben. Das Agieren der von uns befragten Handelsunternehmen entspricht den Ergebnissen der Untersuchung von Bauer und Eckhard (siehe Abschnitt 3.4), wonach perzipierte Integrationsdefizite bei den Konsumenten sehr stark durch eine wahrgenommene Separation in der Nachkaufphase (kein Umtausch des online gekauften Produktes im Geschäft; keine Rückgabemöglichkeit online gekaufter Produkte bei Reklamationen im Geschäft; Problembehandlung nur durch den Kanal, bei dem gekauft wurde) bedingt sind. Die Sortiments- sowie die Preispolitik spielen dagegen für die Wahrnehmung von Integrationsdefiziten beim Verbraucher eine geringere Rolle und ermöglichen damit größere Gestaltungsspielräume für eine Differenzierung zwischen den Kanälen.

Nachholbedarf besteht bei den Unternehmen unserer Untersuchung offensichtlich noch in der Standardisierung und in der Integration der Kundenpolitik (ein zwischen den Kanälen abgestimmtes CRM ist nach Heinemann ein wesentlicher Erfolgsfaktor des Cross-Channel-Managements, Heinemann 2011, S. 91 ff.). Allerdings legen die Ergebnisse unserer Studie nahe, dass eine stärkere kanalspezifische Differenzierung der Kundenpolitik erfolgreicher ist als eine höhere Standardisierung (siehe Abschnitt 5.2.12.3).

Abbildung 65: Standardisierung der Marketing-Mix-Instrumente

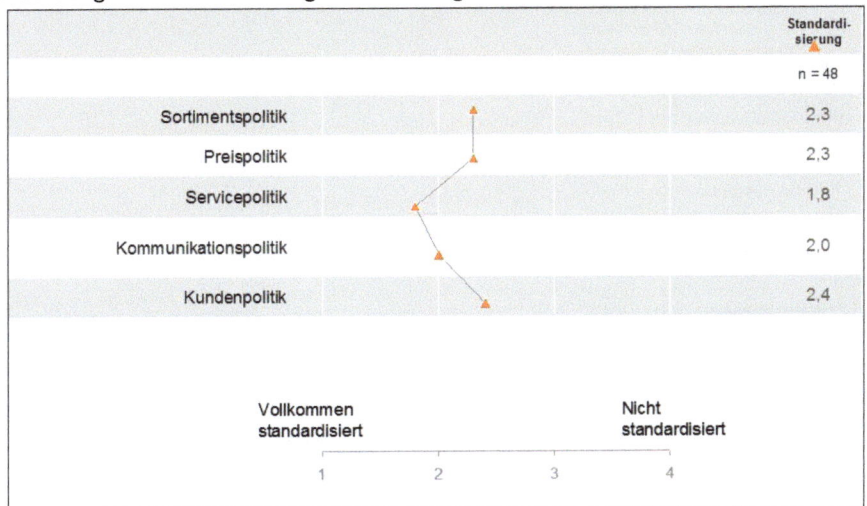

Marketing-Prozesse
Der Integrationsgrad der Marketingprozesse ist, wie der der Marketing-Mix-Instrumente, insgesamt gesehen recht hoch (Abb. 66). Es bestätigt sich tendenziell auch für Multi-Channel-Systeme der aus der Literatur zum internationalen Handelsmarketing bekannte Zusammenhang zwischen Standardisierung von Instrumenten und Marketing-Prozessen (Schwarz 2009, S. 217 f.).

Dem hohen Standardisierungsgrad der Kundendienstpolitik entsprechend sind bei den Unternehmen unserer Stichprobe auch die kanalübergreifenden Kundenserviceprozesse am stärksten standardisiert (MW 2,1). Hinsichtlich der Kernleistungen (Sortiment und Preis) ist, wie bei den Marketing-Instrumenten, auch bei den Prozessen ein geringeres Standardisierungsniveau (MW je 2,4) zu konstatieren.

Den geringsten Standardisierungsgrad weisen die kanalübergreifenden Trend- und Marktanalysen (MW 2,5) sowie die kanalübergreifende Marketing-Erfolgsmessung (MW 2,5) auf.

Abbildung 66: Standardisierung der Marketing-Prozesse

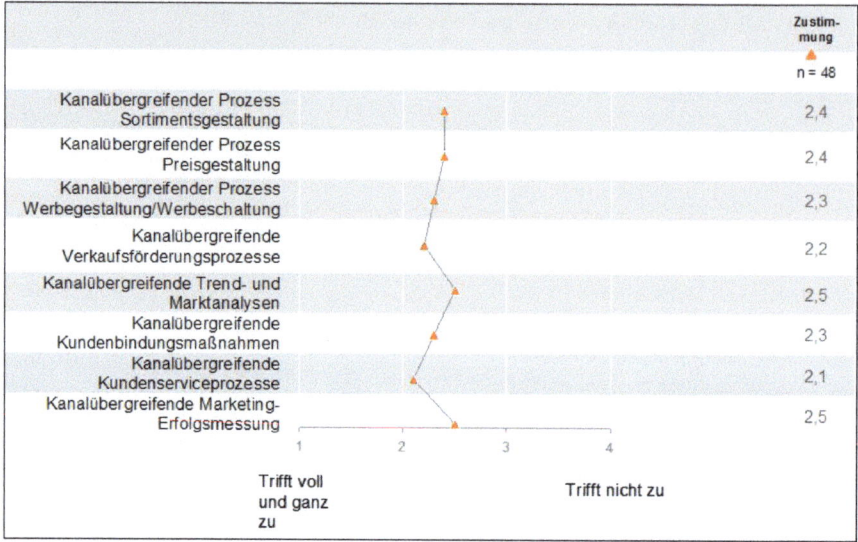

5.2.12.2. Kontrastierung nach der strategischen Orientierung

In diesem Abschnitt erfolgt die Darstellung der Ergebnisse in Abhängigkeit von der gewählten strategischen Grundorientierung, es werden entsprechend der fokussierte, der hybride sowie der integrierte Strategieansatz unterschieden (siehe hierzu Abschnitt 4.1).

Markenstrategie
Hinsichtlich der von den Strategieoptionen gewählten Markenstrategien zeigen sich durchaus überraschende Ergebnisse (Abb. 67). Zu erwarten wäre eine gewisse Synchronität der gewählten Markenstrategien mit den strategischen Grundorientierungen, d.h. eine integrierte Multi-Channel-Strategie wäre idealerweise mit einer integrierten Markenstrategie zu verbinden, hybride Strategien bieten sich für kombinierte Markenstrategien an, während fokussierte Strategien, die die Kanäle weitgehend getrennt halten und auch eine unterschiedliche Kundenansprache pflegen, nach der Theorie am ehesten mit der isolierten Markenstrategie zu betreiben wären.

Abbildung 67: Markenstrategien nach der strategischen Orientierung

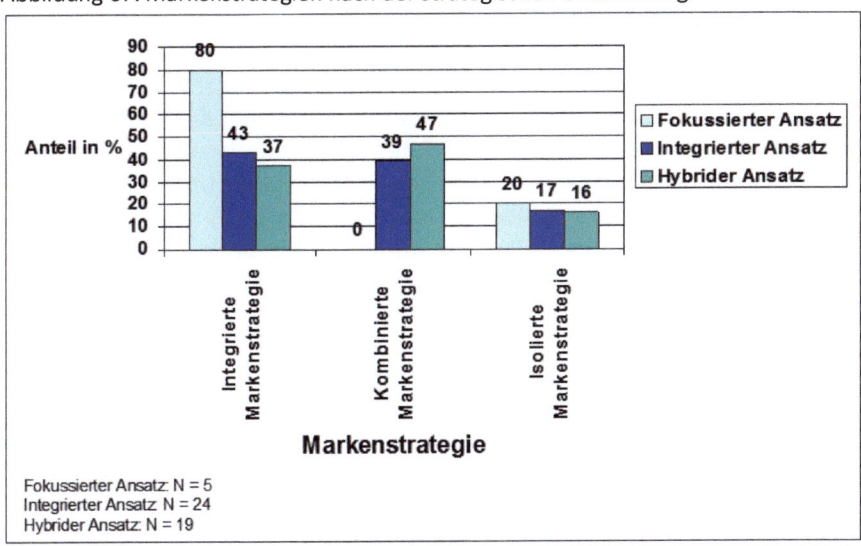

Speziell die Ergebnisse der Handelsunternehmen mit einem fokussierten Ansatz erstaunen. Vier der fünf Unternehmen, die diese Strategieoption verfolgen, betreiben eine integrierte Markenstrategie. Theoriekonform verhält sich hinsichtlich seiner Markenstrategie lediglich ein Unternehmen. In diesem Zusammenhang fällt eine Interpretation schwer, da aufgrund der Anonymität die konkreten Markenstrategien nicht nachvollzogen werden können. Diese Unternehmen riskieren auf jeden Fall eine unklare Wahrnehmung ihrer Marke.

Auch die Unternehmen mit einem integrierten Strategieansatz sind in ihrer Markenstrategie noch nicht konsequent aufgestellt. Zwar betreiben elf der 24 Unternehmen mit einer integrierten Grundorientierung auch eine integrierte Markenstrategie, neun Unternehmen haben mit der Wahl der kombinierten Markenstrategie jedoch ihre strategische Grundorientierung markenpolitisch noch nicht konsequent umgesetzt. Aus Synergie- und Wahrnehmungsaspekten heraus problematisch ist sicherlich die Wahl einer isolierten Markenstrategie für ein integriertes Multi-Channel-System. Dieser Ansatz wird von vier Unternehmen der Stichprobe verfolgt.

Eher der theoretischen Erwartung entspricht die Wahl der Markenstrategie der Unternehmen, die den hybriden Strategieansatz verfolgen. Hier betreibt eine Mehrheit von neun Unternehmen die kombinierte Markenstrategie, die in der Lage ist, eine noch nicht optimierte Integration der Kanäle durch Freiheitsgrade in der Positionierung der Dachmarke und Submarke zu unterstützen. Die Wahl der integrierten Markenstrategie (sieben Unternehmen) bei noch nicht optimierter Integration der Kanäle gefährdet wiederum ein klares Markenbild beim Verbraucher. Die drei Unternehmen, die trotz einem mittleren Integrationsgrad, eine isolierte Markenstrategie betreiben, gefährden wiederum das Ausschöpfen von möglichen Synergien, zumindest dann, wenn die Integration im Frontend erfolgt.

Marketing-Instrumente
Erwartungsgemäß und weitgehend konform zur strategischen Grundorientierung ist der Standardisierungsgrad der fokussierten Systeme sowohl hinsichtlich der Sortimentspolitik sowie der Preis- und Servicepolitik am geringsten ausgeprägt. Überraschend, aber konform zu den Ergebnissen hinsichtlich der Markenstrategie, ist die vergleichsweise hohe Standardisierung der Kommunikationspolitik (Abbildung 68).

Ebenfalls bemerkenswert ist, dass die Unternehmen mit der hybriden Grundorientierung im Frontend an den Kundenkontaktpunkten sowohl bei der Preis- als auch bei der Service- und der Kundenpolitik tendenziell standardisierter vorgehen als die Unternehmen mit einer integrierten strategischen Ausrichtung. Allerdings verbietet sich an dieser Stelle aufgrund der nur geringen Mittelwertunterschiede, die sich nicht signifikant unterscheiden, eine „Überinterpretation".

Abbildung 68: Standardisierung der Marketing-Instrumente nach der strategischen Orientierung

	fokussiert n = 5	integriert n = 24	hybrid n = 19
Sortimentspolitik	3,2	2,1	2,2
Preispolitik	2,6	2,3	2,1
Servicepolitik	2,8	1,8	1,6
Kommunikationspolitik	2,0	2,0	2,0
Kundenpolitik	2,6	2,5	2,3

Vollkommen standardisiert — Nicht standardisiert (1 2 3 4)

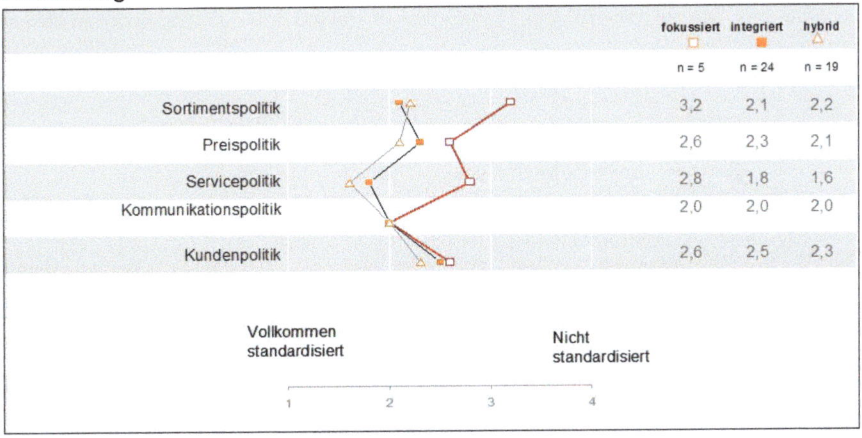

Marketing-Prozesse

Die Ergebnisse hinsichtlich der Standardisierung der Marketing-Prozesse zeigen weitgehend das entsprechend der strategischen Orientierungen zu erwartende Bild. Die Handelsunternehmen mit einer integrierten strategischen Ausrichtung standardisieren ihre Marketing-Prozesse intensiver als die Unternehmen mit einer hybriden Grundorientierung. Den geringsten Standardisierungsgrad hinsichtlich der Prozesse weisen strategiekonform die Vertreter der isolierten Systeme auf (Abbildung 69).

Signifikante Unterschiede zeigen sich zwischen den strategischen Grundausrichtungen bei den kanalübergreifenden Kundenbindungsmaßnahmen.

Allerdings sind bei den isolierten Systemen zwei bemerkenswerte Ausnahmen zu konstatieren. Zum einen betrifft dies die kanalübergreifenden Prozesse zur Sortimentsgestaltung. Hier erfolgt – konform zu den Ergebnissen der Beschaffung (ausgeprägte Existenz eines strategischen Einkaufs sowie einer gemeinsamen Bedarfsplanung) – die höchste Prozessstandardisierung aller drei strategischen Optionen, ohne allerdings die kundensichtbaren Sortimente zu standardisieren. Dies bestätigt das Bild, dass die Vertreter der isolierten Strategie mögliche Synergieeffekte in Mehrkanalsystemen im Backend nutzen. Zum anderen sind die kanalübergreifenden Serviceprozesse bei den Vertretern der fokussierten Strategie ausgeprägt standardisiert.

Abbildung 69: Standardisierung der Marketing-Prozesse nach der strategischen Orientierung

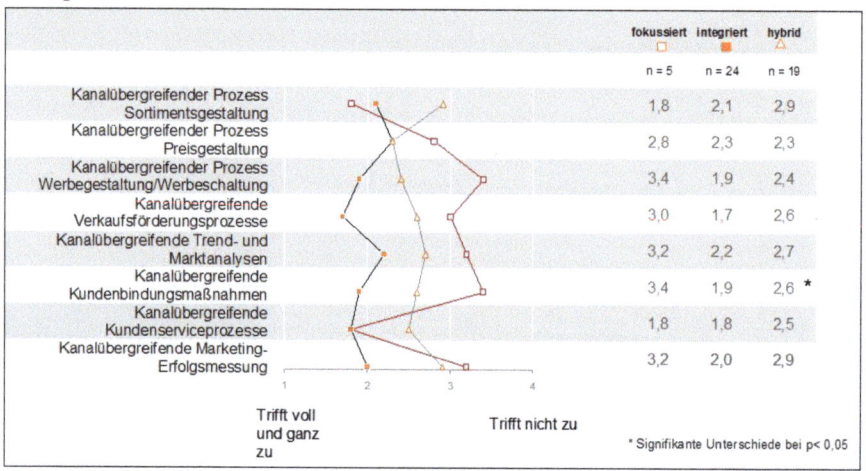

5.2.12.3. Kontrastierung nach dem Erfolg

Markenstrategie

Das Betreiben einer integrierten Markenstrategie wirkt sich eindeutig erfolgswirksam aus (Abb. 70). Acht der elf Unternehmen aus dem Quartil der überdurchschnittlich erfolgreichen Unternehmen folgen diesem Markenstrategietyp. Unsere Studie bestätigt entsprechend den von Heinemann postulierten Erfolgsfaktor der gemeinsamen integrierten Markenstrategie für die unterschiedlichen Kanäle (vgl. Heinemann 2011, S. 129 ff.).

Die kombinierte Markenstrategie wird dagegen nur von einem erfolgreichen Unternehmen (9 %) eingesetzt, wohingegen sechs wenig erfolgreiche Unternehmen (55 %) diesen Markenstrategieansatz betreiben. Entsprechend ist zu konstatieren, dass sich diese Markenstrategie für Multi-Channel-Systeme nur bedingt empfehlen lässt. Dieses Ergebnis ist dahingehend interessant, dass in der Literatur den kombinierten Markenstrategien durchaus Vorteile zugestanden werden (vgl. Esch 2012, S. 526). So kann die Submarke (meist für den Online-Kanal) eigenständiger und klarer positioniert werden und sich entsprechend im direkteren Wettbewerbsumfeld profilieren. Gleichzeitig kann die Submarke von der Kompetenz der Dachmarke (bei Handelsunternehmen, deren Lead-Channel traditionell die Marke der stationären Einheiten ist) profitieren. Auch das Risiko negativer Transferprobleme bei Schwierigkeiten mit der Submarke auf die Dachmarke ist geringer als bei der integrierten Strategie. Vor der Entscheidung für eine kombinierte Markenstrategie sollten entsprechend sorgfältig die beiden folgenden Fragen geklärt werden (vgl. Esch 2012, S. 520):

- Bestehen zwischen den Markenhierarchien Beziehungen und wie stark sind die Marken miteinander verknüpft?
- Welche Rolle spielt die jeweilige Marke bei der Kaufentscheidung, welche Marke ist der hauptsächliche Treiber?

Abbildung 70: Markenstrategien nach dem Erfolg

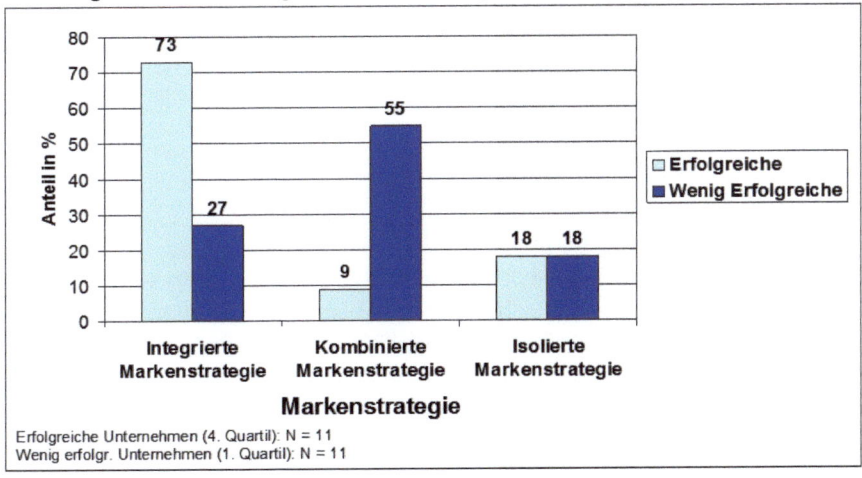

Nur wenn die Submarke zu einer starken eigenständigen Marke aufgebaut werden kann und wenn die Dachmarke positive Transferwirkungen zu erzeugen vermag, empfiehlt sich diese Markenstrategie.
Keine Unterschiede sind zwischen erfolgreichen und wenig erfolgreichen Unternehmen bei der isolierten Markenstrategie feststellbar.

Marketing-Instrumente
Während sich hinsichtlich des Standardisierungsgrades der Marketing-Mix-Instrumente Sortimentspolitik, Preispolitik und Servicepolitik keine bzw. nur geringe Unterschiede zwischen erfolgreichen und wenig erfolgreichen Unternehmen zeigen, differenzieren die erfolgreichen Unternehmen vor allem bei der Kundenpolitik (MW-Differenz -1,1) sowie bei der Kommunikationspolitik (MW-Differenz -0,6) deutlich stärker als die wenig erfolgreichen Unternehmen der Stichprobe (Abbildung 71).

Abbildung 71: Marketing-Instrumente nach dem Erfolg

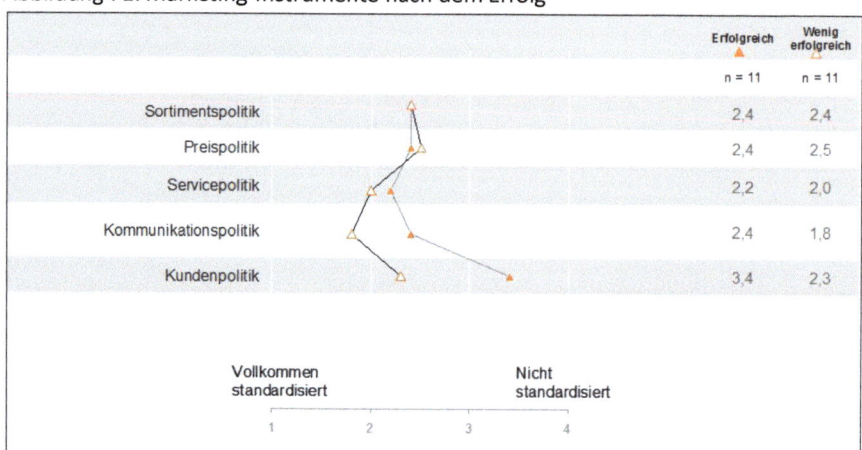

Ganz offensichtlich gilt es, hinsichtlich des Standardisierungsgrades des Marketings differenzierter vorzugehen als die bisherigen Studien postulieren. Unsere Studienergebnisse können bei einer differenzierten Betrachtung den von PWC postulierten Erfolgsfaktor „Standardisierung des Marketing-Mix" nicht bestätigen. Vielmehr gilt es, sowohl hinsichtlich der kommunikativen Ansprache als auch bezüglich der Kundenpolitik, den individuellen Bedürfnissen der Kunden in den Kanälen Rechnung zu tragen.

Marketing-Prozesse

Im Hinblick auf die Standardisierung der Marketing-Prozesse zeigt sich eine erfolgsinduzierende Wirkung im Sinne einer Standardisierung in folgenden Bereichen (Abbildung 72):

Abbildung 72: Marketing-Prozesse nach dem Erfolg

	erfolgreich n = 11	Wenig erfolgreich n = 11
Kanalübergreifender Prozess Sortimentsgestaltung	2,1	2,8
Kanalübergreifender Prozess Preisgestaltung	2,3	2,2
Kanalübergreifender Prozess Werbegestaltung/Werbeschaltung	2,5	2,6
Kanalübergreifende Verkaufsförderungsprozesse	1,9	2,2
Kanalübergreifende Trend- und Marktanalysen	2,6	3,2
Kanalübergreifende Kundenbindungsmaßnahmen	2,4	2,2
Kanalübergreifende Kundenserviceprozesse	1,8	1,9
Kanalübergreifende Marketing-Erfolgsmessung	2,4	2,5

- Kanalübergreifender Prozess der Sortimentsgestaltung (MW-Differenz 0,7). Die Ergebnisse der vorliegenden Studie unterstützen den von Heinemann formulierten Erfolgsfaktor einer kanalübergreifenden Sortimentsfindungslogik für Mehrkanalsysteme (vgl. Heinemann 2011, S. 117). Ganz offensichtlich gestalten erfolgreiche Multi-Channel-Unternehmen die Prozesse der Sortimentsgestaltung in engerer Abstimmung als wenig erfolgreiche Handelsunternehmen. Dies gilt natürlich unter dem Vorbehalt der fehlenden Signifikanz der Ergebnisse aufgrund der geringen Fallzahl in den Quartilen.
- Kanalübergreifende Trend- und Marktanalysen (MW-Differenz 0,6). Wenngleich der Mittelwert von 2,6 zeigt, dass auch die erfolgreichen Unternehmen den Prozess der Durchführung von kanalübergreifenden Markt- und Trendanalysen nur mäßig forcieren, so wird die Erfolgswirksamkeit eines kanalübergreifend abgestimmten Prozesses dennoch deutlich.

5.2.13 Analyse der Standardisierungsindizes

Um zusammenfassende Aussagen über den Integrations- bzw. Standardisierungsgrad in den einzelnen Kompetenzfeldern der Wertschöpfungskette in Handelsunternehmen machen zu können, wurden für die Kompetenzfelder Indizes als gleich gewichtetes arithmetisches Mittel aus geeigneten Einzelitems gebildet. Die konkreten Items, die zur Berechnung der einzelnen Indizes verwendet wurden, befinden sich im Anhang (S. 160 ff.).

Gesamtstichprobe
Die stärkste Integration der Multi-Channel-Systeme ist in der IT festzustellen (Index 1,83). Hier bilden die Integration der Warenwirtschaftssysteme sowie die Nutzung gemeinsamer Artikel- und Kundenstammdaten quasi die Grundlage für das Betreiben von Multi-Channel-Systemen. Heinemann beklagt 2011 noch einen gehörigen Aufholbedarf der Unternehmen im Bereich der Backend-Prozesse und hier insbesondere auch in der integrierten Informationstechnologie (Heinemann 2011, S. 46), dieser Status hat sich in den letzten Jahren offensichtlich zum Positiven geändert (Abb. 73).

Für eine zunehmende Integration der Multi-Channel-Unternehmen bei den Backend-Prozessen spricht auch der mit einem Wert von 2,08 zweithöchste Integrationsindexwert im Bereich der Logistik. Auch das Controlling kann mittlerweile als deutlich integriert bezeichnet werden, auch wenn die in der Literatur geforderte kanalübergreifende Kundenerfolgsrechnung noch von relativ wenigen Unternehmen eingesetzt wird (vgl. Abschnitt 5.2.8).

Differenzierter zeigt sich das Ergebnis im Frontend-Bereich. Wie im vorherigen Abschnitt gezeigt werden konnte, findet im Marketing durchaus eine kanalspezifische Differenzierung vor allem bei der Sortiments-, der Preis- sowie der Kundenpolitik statt.

Relativ gering integriert sind dagegen die Bereiche Personal (2,56), die Sekundärorganisation (2,54) sowie die Beschaffung (2,57). Speziell die Integrationsdefizite im Bereich der Sekundärorganisation verwundern, da speziell die sekundärorganisatorischen Maßnahmen notwendig für eine Integration der wesentlichen Prozesse in Mehrkanalsystemen sind. Im Bereich des Personalmanagements erkennt man dagegen offensichtlich die Notwendigkeit bestimmter kultureller Freiheitsgrade für die einzelnen Kanäle an. Dies zeigt sich jedoch eher in den Kernprozessen des Personalmanagements wie Recruitingprozess, Personalauswahl, Anreizsysteme und Personalbeurteilung. Stärker integriert sind dagegen kulturelle Personalmanagement-Instrumente wie gemeinsame Führungsleitbilder.

Abbildung 73: Integrationsindizes Gesamtstichprobe

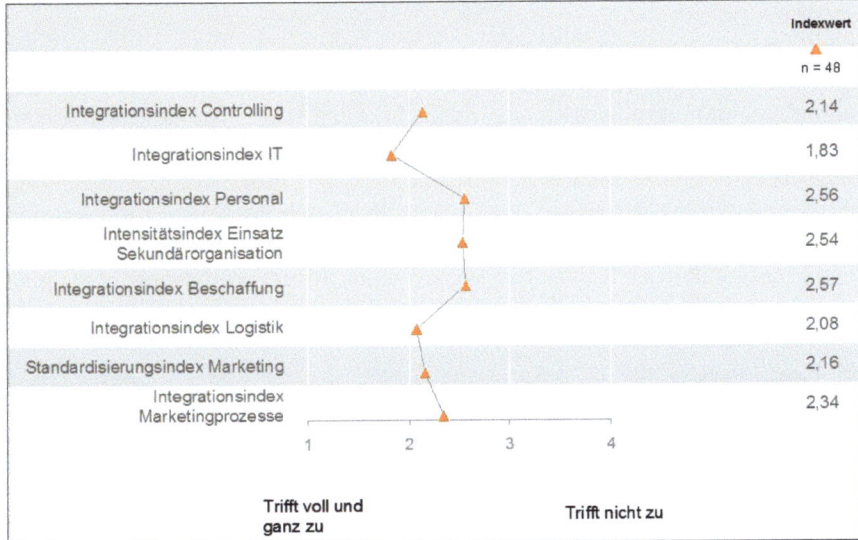

Kontrastierung nach der strategischen Orientierung
Der Aufbruch der Daten nach der strategischen Grundorientierung zeigt der Tendenz nach, aber nicht durchgehend, die erwarteten Profile. Entsprechend den Strategiemustern hätte man von den integrierten Systemen durchweg die stärkste Integration erwarten können, während sich die hybriden Systeme eigentlich hinsichtlich der Integration und der Standardisierung in der Mitte hätten befinden müssen. Für die fokussierten Systeme wäre entsprechend die geringste Integration zu erwarten gewesen (Abbildung 74).

Für die integrierten Systeme zeigt sich die ausgeprägteste Integration tatsächlich in fast allen Bereichen. Dies gilt für das Controlling, die IT, das Personal, die Beschaffung, die Logistik sowie für die Marketingprozesse. Lediglich bei dem Einsatz der Sekundärorganisation werden die integrierten Systeme hinsichtlich der Intensität des Einsatzes von den fokussierten Systemen übertroffen. Die hybriden Systeme betreiben dagegen insgesamt ein standardisierteres Marketing als die integrierten Systeme. Eine Erklärung hierfür könnte sein, dass mit zunehmendem Reifegrad der Multi-Channel-Systeme die Notwendigkeit einer zumindest in Teilen differenzierten Marktbearbeitung erkannt wird. Die hohe Standardisierung der Marketing-Prozesse spricht auf jeden Fall dafür, dass Differenzierungen im Marketing-Mix eher abgestimmt und gewollt erfolgen.

Auch die hybriden Systeme zeigen sich - bis auf die bereits erwähnte Ausnahme bei der Standardisierung des Marketing-Mix – weitgehend erwartungs- und damit strategiekonform. Besonders hohen Nachholbedarf bei der Integration gibt es in den Bereichen Controlling, IT, Beschaffung, Logistik und bei den Marketing-Prozessen. Diese Defizite in den Backend-Prozessen und -Funktionen bei gleichzeitig hoher Standardisierung des Marketing-Mix bergen naturgemäß hohe Risiken hinsichtlich eines für den Verbraucher friktionslosen Touchpoint-Erlebens.

Abbildung 74: Integrationsindizes nach strategischer Orientierung

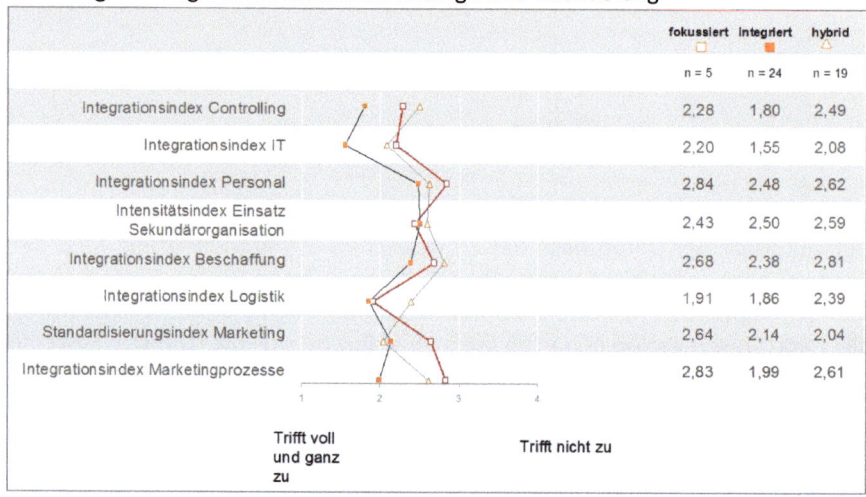

Interessant ist das Integrations-Profil der fokussierten Systeme. Die wenigen Vertreter dieses Strategieansatzes legen offensichtlich viel Wert auf das Schöpfen von Synergien und integrieren Backend-Prozesse vor allem im Bereich der Logistik, aber auch in Teilbereichen der Beschaffung („Existenz eines kanalübergreifenden strategischen Einkaufs", „Bedarfsplanung wird kanalübergreifend durchgeführt" und „Bedarfs- und Bestandsplanung der Kanäle sind miteinander verknüpft"). Die Synergieorientierung dieser Unternehmen wird nicht zuletzt durch die überraschend starke Nutzung der integrierten Markenstrategie deutlich.

Kontrastierung nach dem Erfolg

Ein Vergleich der Integrationsindizes zwischen den erfolgreichen und wenig erfolgreichen Unternehmen der Stichprobe zeigt, dass sich die erfolgreichen Unternehmen mit Ausnahme der Standardisierung des Marketing-Mix (hier ist eine Differenzierung des Marketing-Mix erfolgsinduzierend) durch eine höhere Integration der Kanäle auszeichnen (Abbildung 75).

Abbildung 75: Integrationsindizes nach Erfolg

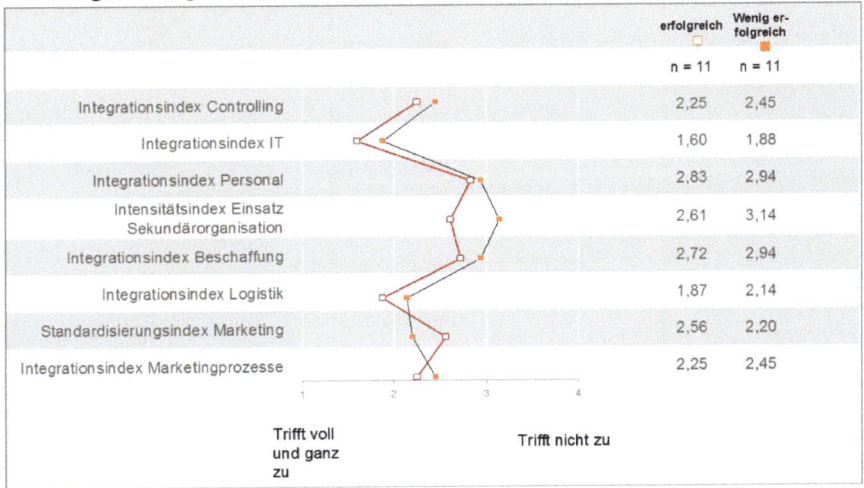

In folgenden Bereichen zeigen sich die deutlichsten Unterschiede zwischen erfolgreichen und wenig erfolgreichen Unternehmen hinsichtlich der Integration der Kanäle:
- Sekundärorganisation (MW-Differenz 0,53),
- IT (MW-Differenz 0,28),
- Logistik (MW-Differenz 0,27),

- Beschaffung (MW-Differenz 0,22),
- Controlling (MW-Differenz 0,2) und
- Marketingprozesse (MW-Differenz - 0,2).

Ein Vergleich der Indizes unterstützt nochmals eindrücklich den Wert der Integration als zentralen Erfolgsfaktor von Multi-Channel-Systemen im Einzelhandel.

6. Zusammenfassung und Fazit

Die vorliegende Studie verfolgt das Hauptziel, genauere Einblicke in die Erfolgswirksamkeit von Integrationsmaßnahmen in allen betroffenen Bereichen der unternehmerischen Wertschöpfungskette zu generieren. Dazu werden verschiedene Kompetenzbereiche untersucht und Aussagen über wesentliche Kriterien erfolgreicher Multi-Channel-Händler generiert.

Die Erhebung zu der vorliegenden Studie erfolgte im Januar und Februar 2016 bei institutionellen Multi-Channel-Einzelhandelsunternehmen in Deutschland. Von 1000 branchenübergreifend befragten Unternehmen kamen 48 auswertbare Rückläufer aus Unternehmen mit mehrheitlich weniger als 99 Mitarbeitern bzw. einem Umsatz von mehrheitlich kleiner 5 Mio. Euro zurück. Durch die verhältnismäßig kleine Anzahl an Rückläufern haben die gezeigten Ergebnisse vor allem explorativen Charakter, sind jedoch nicht als repräsentativ zu werten.

Das Angebot an Multi-Channel-Leistungen ist vielfältig. Während der kanalübergreifende Retourenprozess am Häufigsten von den befragten Unternehmen angewendet wird, zeigt sich die Gewährung von Rabatten als am deutlichsten erfolgswirksam. Das Angebot der kanalübergreifenden Retoure ist dagegen sogar bei nicht erfolgreichen Unternehmen weitgehend verbreitet. Die relevantesten Ziele sind dabei die Erschließung neuer Käufergruppen sowie die Steigerung der Kundenbindung vor der Verbesserung des Unternehmensimages.

Die Rentabilitätsentwicklung der befragten Multi-Channel-Unternehmen hält mit der Umsatzentwicklung nicht Schritt. Dies wird als Beleg interpretiert, dass tendenziell mit zunehmender Integration der Koordinierungsaufwand und damit die Komplexitätskosten ansteigen.

Gleichzeitig hat sich gezeigt, dass das hohe durchschnittliche Umsatzwachstum der Multi-Channel-Händler viele der mittelgroßen Handelsunternehmen nicht erreicht. Rund die Hälfte der befragten Unternehmen muss sich mit einer Gesamtkapitalrentabilitätsentwicklung von maximal 3 % pro Jahr zufrieden geben. Dennoch waren 60 % der Unternehmen zum Zeitpunkt der Befragung mit der Geschäftsentwicklung zufrieden oder sogar sehr zufrieden.

In den zuvor erstellten Erfolgsfaktorenstudien zeigt sich eine Tendenz zu der Aussage, dass der integrierte Ansatz den höchsten Reifegrad darstellt und die anderen Ansätze als Evolutionsstufen dorthin zu sehen sind. Diese Einschätzung konnte durch die Ergebnisse der vorliegenden Befragung nicht bestätigt werden. Vielmehr muss aus Sicht der Verfasser die Einschätzung deutlich differenzierter bezüglich der Unternehmensfunktionen gesehen werden. Wenigstens konnte über die Betrachtung der Erfolgswirksamkeit von den strategischen Optionen klar gezeigt werden, dass integriert arbeitende Unternehmen eine breitere Risikostreuung haben als die hybrid arbeitenden.

Bei der Betrachtung der Organisationsformen funktional/divisional/Matrix fällt vor allem die Gleichverteilung unter den Unternehmen mit integriertem Ansatz auf - ein deutlich höherer Anteil der funktionalen Organisation wäre logisch gewesen,
Bis auf wenige Ausnahmen zeigen die befragten Unternehmen mit einem fokussierten Ansatz eine tendenziell höhere Intensität bei sekundärorganisatorischen Maßnahmen im Sinne vertriebskanalübergreifender Elemente als die mit einem integrierten Ansatz. Dies ist ebenfalls interessant, denn hier müssten fokussierte Unternehmen von ihrer Ausrichtung her gar nicht kanalübergreifend arbeiten. Aber gerade kanalübergreifend zusammengesetzte Arbeitsgruppen sowie eine kanalübergreifende Konfliktbewältigung werden von Unternehmen mit fokussiertem Ansatz deutlich häufiger eingesetzt. Dies passt wieder sehr gut zu dem fokussierten Ansatz, da es bei getrennt agierenden Vertriebskanälen eher zu Konflikten kommen kann als bei stark integriertem Ansatz der Vertriebskanäle. Die Formalisierung ist erwartungskonform organisiert.

Für den Erfolg eines Unternehmens zeigt sich die primäre Organisationsform jedoch – konträr zu den Ergebnissen der Studie von Ernst &Young - als wenig ausschlaggebend. Dagegen werden in den erfolgreichen Unternehmen der Stichprobe sekundärorganisatorische Steuerungssysteme insgesamt deutlich intensiver eingesetzt als in den wenig erfolgreichen Unternehmen, vor allem bewusst kanalübergreifend eingesetzte Arbeitsgruppen sowie die Nutzung der Kultur als Steuerungsinstrument.

Für die Betrachtung der Unternehmensfunktionen hat sich eine Aufteilung nach Frontend- und Backend-Prozessen als zielführend erwiesen.

Für die **Frontend-Prozesse** zeigen unsere Befragungsergebnisse in der Tendenz eher eine höhere Erfolgswirksamkeit einer differenzierten Bearbeitung der Kanäle.
Unsere Studie legt beispielsweise entgegen der Studie von PWC nah, dass eine kanalspezifische Differenzierung der Kundenpolitik wie auch der kommunikativen Ansprache erfolgreicher ist als eine höhere Standardisierung. Auch die Kernleistungen Sortiments- und Preispolitik sind erstaunlich wenig standardisiert.
Es bestätigt sich aber der in der Literatur verbreitete Zusammenhang zwischen der Standardisierung von Instrumenten und von Marketing-Prozessen, bei welchen sich jeweils bei den befragten Unternehmen ein hoher Integrationsgrad zeigt – ein gutes Beispiel dafür sind Kundendienstpolitik und kanalübergreifende Kundenserviceprozesse.

Wie wenig sich die Unternehmen von den Definitionen der strategischen Ansätze in der Realität beschränken lassen, zeigt das Beispiel Markenstrategie: Es ist erstaunlich, dass die meisten der befragten Unternehmen mit einem fokussierten Ansatz eine integrierte Markenstrategie verfolgen. Weiterhin ist entgegen der bisherigen Ansätze der Theorie aus den Ergebnissen unserer Studie nur eine bedingte Empfehlung für eine kombinierte Markenstrategie herauszulesen – erfolgreicher zeigen sich Unternehmen mit integrierter Markenstrategie.
Die Marketinginstrumente sind bei den befragten Unternehmen über die strategischen Optionen hinweg erwartungskonform organisiert. Die Marketingprozesse bieten dagegen wieder Synergieeffekte – und die fokussierten Unternehmen der Befragung setzen darauf.

Für die **Backend-Prozesse** kann dagegen nach Betrachtung der Erfolgswirksamkeit in unserer Studie eine hohe Integration empfohlen werden. Ein Vergleich von Aussagen von Heinemann aus dem Jahre 2011 gegenüber unserer Befragung aus dem Jahr 2016 zeigt eine deutliche Tendenz in Richtung dieser Integration. Am Stärksten werden IT-Prozesse integriert – grundlegend über Warenwirtschaftssysteme und eine einheitliche Datenpflege über die Kanäle hinweg. Gemeinsame Artikel- und Kundenstammdaten sind - gefolgt von der

Logistik – ebenfalls erfolgsinduzierend, wenn auch schon deutlich auf dem Weg zum Standard.
Fokussierte Unternehmen setzen noch stärker als die integriert arbeitenden Unternehmen auf die Verwendung eines kanalübergreifenden Warenwirtschaftssystems und einheitliche Kundenstammdaten. Damit suchen sie sich genau die Aspekte heraus, für deren kanalübergreifende Organisation die höchste Erfolgsinduktion gegeben ist.

Die Unternehmen scheinen erkannt zu haben, dass eine aufwandsminimierende Konsolidierung der logistischen Prozesse für alle Vertriebskanäle ein wichtiger Enabler ist. Erwartungsgemäß entsprechend der abgefragten Angebote an Multi-Channel-Leistungen ist der Retourenprozess in der Regel übergreifend integriert ausgeprägt. Bei den Themen der Logistik fallen erneut die fokussierten gegenüber den integrierten Unternehmen auf, die in den innerbetrieblichen Prozessen auf eine effiziente Verknüpfung setzen.

Für die Beschaffung zeigt sich die Bedeutung eines übergreifenden und einheitlichen strategischen Einkaufs im Sinne eines „One Face to the Supplier" zur Bündelung beziehungsweise Stärkung der eigenen Marktmacht. Erfolgreichen Unternehmen gelingt es zudem besser, die Punkte kanalübergreifende Beschaffungsziele, Beschaffungsstrategien, strategische Beschaffung sowie Bedarfs-/ Bestandsplanung abzudecken. Die Integration der Prozesse spielt auch hier eine große Rolle.
Hier zeigt sich hinsichtlich der Integration der fokussierten Unternehmen bei diesen Aspekten einmal mehr deren ausgeprägte Synergieorientierung. Auch hier werden zielsicher die erfolgsinduzierenden Aspekte herausgepickt. Ansonsten sind die Ergebnisse über die strategischen Optionen hinweg weitgehend erwartungskonform.

Im Controlling stehen die langfristigen Themen wie strategische Planung, Budgetierung und kanalübergreifendes Controlling im Vordergrund. Insgesamt scheinen die eingesetzten Methoden und Verfahren zwar weitgehend zum Basiswissen einer Unternehmensführung geworden zu sein, jedoch zeigen sich durchaus auch deutliche Differenzen in der Anwendung von Controlling-Instrumenten bei den befragten Unternehmen: So setzen die erfolgreichen Unternehmen zusätzlich zu Finanzkennzahlen auch verstärkt Risikokennzahlen ein. Ebenfalls wird eine kanalübergreifende Gewinn- und Rentabilitätsrechnung vor allem von den erfolgreichen Unternehmen der Befragung eingesetzt. Berichte über Human Resources, Finanz- und Investitionsberichte und über Marktentwicklungen sind erfolgsinduzierend, dagegen sogar deutlich weniger Berichte über Gewinn/Rentabilität. Auf Basis dieser Ergebnisse kann der Bezeichnung des kompetenten, kanalübergreifenden Controllings in früheren Studien als Erfolgsfaktor durchaus Folge geleistet werden.

Alleine das Personalmanagement schließt sich nicht im Ganzen dem Trend der Integration der Backend-Prozesse an. Es wird hier anscheinend den unterschiedlichen Kulturen Rechnung getragen, die entsprechende individuelle Freiheitsgrade benötigen. Recruitingprozesse, Personalauswahl, Anreizsysteme und Personalbeurteilung als Kernprozesse sind davon erfasst, stärker integriert sind kulturelle Personalmanagement-Instrumente und Führungsleitbilder.

Weiterhin unerwartet für eine fokussierte Ausrichtung setzen ausgerechnet diese Unternehmen in der Personalführung auf eine vergleichsweise deutlich höhere Nutzung von Prämiensystemen zur Unterstützung des Channel-Hoppings der Kunden – und damit überraschend auf den Aspekt mit der geringsten Erfolgsaussicht. Eine kanalübergreifende Führungskultur, Führungsleitbild und Beurteilungssysteme scheinen für diese Unternehmen dagegen nicht zielgerichtet und folgerichtig überlassen sie dies vor allem den integrierten Unternehmen.

Damit ergeben sich auf Basis der vorliegenden Untersuchung die die wesentlichen Erkenntnisse:
- Mit einer zunehmenden Integration der Prozesse steigen der Koordinierungsaufwand und damit die Komplexitätskosten. Die Einschätzung muss deutlich differenzierter bezüglich der Unternehmensfunktionen gesehen werden: Die Frontend-Prozesse sind kanalspezifisch den jeweiligen Kundenbedürfnissen anzupassen, die Backend-Prozesse dagegen versprechen weitgehend integriert einen größeren Erfolg. Dabei sind speziell integrierte IT-Anwendungen und integrierte logistische Prozesse zu empfehlen
- Erfolgreiche Unternehmen integrieren in Struktur und Organisation, wo Synergieeffekte eine positive Relation zu Kosteneffekten haben. Sobald der Aufwand für eine erhöhte Integration durch steigende Komplexität etc. zu hoch wird, verzichten erfolgreiche Unternehmen auf eine volle Integration. An diesen Stellen werden sekundärorganisatorische Maßnah-

men wie übergreifende Arbeitsgruppen wichtig, um über enge Kommunikation und Abstimmung den besten Erfolg erzielen zu können.
- Die professionelle Verwendung von Controllinginstrumenten ist vermehrt als Basiswerkzeug von Unternehmen zu verstehen und zeigt sich nur noch in Ausschnitten als Erfolgsfaktor relevant.
- Das Personalmanagement muss die typischerweise unterschiedlichen Kulturen der Kanäle in seinen Kernprozessen akzeptieren, übergeordnete Personalmanagement-Instrumente und Führungsleitbilder können integriert sein.
- Die fokussiert ausgerichteten Unternehmen der Befragung zeigen sich als Synergieoptimierer, welche sich ohne Rücksicht auf Fachbuch-Definitionen aus dem Portfolio an strategischen und operativen Optionen jene für ihr Geschäft herausnehmen, die erfolgswirksam sind. So ist diesen Unternehmen auch die Steigerung der Profitabilität in der Befragung am wichtigsten, unterstützt durch eine besonders hohe Nutzung einer kanalübergreifenden strategischen Planung und Gewinn- und Rentabilitätsrechnung. Die Unternehmen mit integriertem und hybridem System verhalten sich dagegen weitestgehend erwartungskonform, Detailabweichungen wurden in den detaillierten Kapiteln thematisiert. Es ist also aus der Befragung heraus nicht der integrierte Ansatz als höchster Reifegrad zu verstehen, sondern eine geschickte, synergieorientierte Mischung mit Blick auf die Unternehmensfunktionen.

7. Literaturverzeichnis

Ahlert, D.; Kenning, P.; Olbrich, R., Schröder, H. (Hrsg.) (2010): Multichannel-Management - Jahrbuch Vertriebs- und Handelsmanagement 2010/2011, Frankfurt (Main)

Ausschuss für Definitionen zu Handel und Distribution (Hrsg.) (2006): Katalog E, Definitionen zu Handel und Distribution – Elektronische Fassung, 5. Ausgabe, Köln

Bauer, H. H.; Eckhardt, S. (2010): Integration als Erfolgsfaktor im Multichannel-Retailing, in: Ahlert, D.; Kenning, P.; Olbrich, R.; Schröder, H. (Hrsg.): Multichannel-Management - Jahrbuch Vertriebs- und Handelsmanagement 2010/2011, Frankfurt (Main), S. 105-122

Berekoven, L. (1990): Erfolgreiches Einzelhandelsmarketing, München

Bialdiga, K. (2014): Zalando drängt in die Innenstadt, http://www.sueddeutsche.de/wirtschaft/online-handel-laden-als-labor-1.2283358, Abruf am 04.07.2016

Bovensiepen, G.; Schögel, M.; Schulten, M.; Arndt, O.; Rumpff, S. (2007): Erfolgreich in der neuen Vielfalt – Erfolgsfaktoren für das Multi-Channel Management in Handel und Konsumgüterindustrie, PricewaterhouseCoopers AG WPG (Hrsg.), Frankfurt (Main)

Buschmann, A. (2015): Betriebsformenzuordnung von Multi-Channel-Händlern, http://www.marketing-trends-congress.com/archives/2016/pages/PDF/BUSCHMANN.pdf, Abruf am 23.07.2016

Ergenzinger, R.; Bamert, T. (2010): Multichannel-Management als Antwort auf die Entwicklung des Kaufverhaltens, in: Ahlert, D.; Kenning, P.; Olbrich, R., Schröder, H. (Hrsg.): Multichannel-Management - Jahrbuch Vertriebs- und Handelsmanagement 2010/2011, Frankfurt (Main), S. 13-38

Grimm, U. (1983): Analyse strategischer Faktoren. Ein Beitrag zur Theorie der strategischen Unternehmensplanung, Wiesbaden

Heinemann, G. (2011): Cross-Channel-Management, 3. Auflage, Wiesbaden

Heinemann, G. (2013): No-Line-Handel, Wiesbaden

Heinemann, G. (2014): Der neue Online-Handel, 5. Auflage, Wiesbaden

Heinemann, G. (2016): Der neue Online-Handel, 7. Auflage, Wiesbaden

Kraljic, P., (1983): Supply Management must become Supply Management, in: Harvard Busieness Review, S. 108 - 117

Mintzberg, H. e.a., (1998): Strategy Safari - a guided Tour through the Wilds of Strategic Management. New York

Müller-Hagedorn, L.; Toporowski, W.; Zielke, S. (2012): Der Handel, 2. Auflage, Stuttgart

Oeser, G (o.J.).: Omni-Channel-Management, Springer Gabler Verlag (Herausgeber), Gabler Wirtschaftslexikon, online im Internet: http://wirtschaftslexikon.gabler.de/Archiv/-2046105398/omni-channel-management-v2.html

o.V. (2015 a): Versand- und Retourenmanagement im E-Commerce 2015: Trends und Strategien der Onlinehändler und Versanddienstleister. EHI Retailing Institute, Köln 2015

o.V. (2015 b): Handel digital – Online-Monitor 2014 in Kooperation mit GfK. http://www.einzelhandel.de/online-monitor, Abruf am 21.11.2016

o.V. (2015 c): Non-Food Multichannel-Handel 2015: Vom Krieg der Kanäle zur Multichannel-Synergie. GfK, accenture. Nürnberg, Düsseldorf, 2015

o.V. (2016 a): Konzentration im Online-Handel legt weiter zu, Lebensmittelzeitung, http://www.lebensmittelzeitung.net/handel/EHI-Studie-Konzentration-im-Online-Handel-legt-weiter-zu-125338, Abruf am 28.09.2016

o.V. (2016 b): Click&Collect" hat noch Luft nach oben: Nutzung von Click&Collect vs. Gründe gegen die Nutzung. https://de.statista.com/infografik/4886/nutzung-von-click-and-collect/, Abruf am 5.9.2016

o.V. (2016 c): Onlinehändler offline: Amazon plant offenbar bis zu 400 Buchhandlungen, http://www.spiegel.de/wirtschaft/unternehmen/amazon-plant-offenbar-bis-zu-400-buchhandlungen-in-den-usa-a-1075365, Abruf am 04.07.2016

o.V. (2016 d): Branchenreport 2016. Einzelhandel, https://de.statista.com/statistik/studie/id/38/dokument/branchenreport-einzelhandel-ohne-handel-mit-kraftfahrzeugen-/, Abruf am 8.12.2016

o.V. (2016 e): Umsatz im Einzelhandel im engeren Sinne in Deutschland in den Jahren 2000 bis 2016, https://de.statista.com/statistik/daten/studie/70190/umfrage/umsatz-im-deutschen-einzelhandel-zeitreihe/, Abruf am 8.12.2016

o.V. (2016 f): E-Commerce in Deutschland - Statista-Dossier, https://de.statista.com/statistik/studie/id/6387/dokument/e-commerce-statista-dossier/, Abruf am 8.12.2016

o.V. (2016 g): Anzahl der Smartphone-Nutzer in Deutschland in den Jahren 2009 bis 2016, https://de.statista.com/statistik/daten/studie/198959/umfrage/anzahl-der-smartphonenutzer-in-deutschland-seit-2010/, Abruf am 8.12.2016

Schmalen, C.; Kunert, M.; Weindlmaier, H. (2006): Erfolgsfaktorenforschung: Theoretische Grundlagen, methodische Vorgehensweise und Anwendungserfahrungen in Projekten für die Ernährungsindustrie, in: Schriften der Gesellschaft für Wirtschafts-und Sozialwissenschaften des Landbaues eV 41 (2006), S. 351-62

Schramm-Klein, H. (2003): Verhaltenswissenschaftliche Analyse der Wirkung von Mehrkanalsystemen im Handel, Wiesbaden

Schramm-Klein, H. (2012): Multi Channel Retailing – Erscheinungsformen und Erfolgsfaktoren, in: Zentes, J. et al. (Hrsg.): Handbuch Handel, 2. Auflage, Wiesbaden, S. 419-437

Schobesberger, A. (2007): Multichannel Retailing im Einzelhandel, Entwicklung, Motivation, Einflussfaktoren, Berlin

Schröder, H. (2005): Multichannel-Retailing, Berlin; Heidelberg

Schwarz, S. (2009): Muster erfolgreicher Internationalisierung von Handelsunternehmen, Wiesbaden

Swoboda, B.; Anderer, M. (2008): Coordinating the international retailing firm: Exploratory models and evaluations of structural, systemic, and cultural options, in: Journal of Retailing and Consumer Services, 15 Jg., Nr. 2, S. 104-117

Thommen J.-P., Achleitner A.-K. (2016): Allgemeine Betriebswirtschaftslehre: Umfassende Einführung aus managementorientierter Sicht. 8. Auflage, Wiesbaden

Trommsdorff, V. (1991): Innovationsmarketing. In: Marketing Zeitschrift für Forschung und
Praxis, 13 (3): S. 178-185

Wagner, W. (2013): Von der Strategie zum abgestimmten Playbook, in: Mahrdt, N.; Lessing, M.; Wagner, W.; Geissler, H. (Hrsg.) Gemini Report: Multi-Channel – Neue Wege zu mehr Markterfolg, Bad Homburg, S. 26-36

Weber, J., Schäffer, U. (2014): Einführung in das Controlling, 14. Auflage, Stuttgart

Wöhe, Günter (2002): Einführung in die Allgemeine Betriebswirtschaftslehre. 21. Auflage, München.

Zaharia, Silvia (2013): Integrierte Multi-Channel-Geschäftsmodelle ermöglichen Zeitersparnis beim Einkauf. In: Heinemann, G.; Haug, K.; Gehrckens, M. (Hrsg.): Digitalisierung des Handels mit epace: Innovative E-Commerece-

Geschäftsmodelle und digitale Zeitvorteile. Springer, Gabler, Wiesbaden, 2013.

Zentes, J.; Swoboda, B.; Foscht, T. (2012): Handelsmanagement, 3. Auflage, München

8. Anhang

Muster erfolgreichen Multi-Channel-Managements im Handel – Fragebogen

Guten Tag, mein Name ist ...! Wir führen im Auftrag der Hochschule Offenburg eine Studie zu den Erfolgsmustern des Multi-Channel-Managements im Handel durch. In dieser Studie geht es in erster Linie darum zu identifizieren, ob es erfolgswirksame Unterschiede hinsichtlich der Standardisierung und Differenzierung der betriebenen Kanäle gibt und ob eine Zentralisierung (Entscheidungen werden von einer gemeinsam verantwortlichen Zentrale getroffen) oder eine Dezentralisierung (Entscheidungen werden in erster Linie dezentral in den einzelnen Kanälen getroffen) der erfolgversprechendere Ansatz für das Multi-Channel-Management ist. Die Befragung bezieht sich auf alle Bereiche des Unternehmens. Nach Abschluss der Studie würden Sie als Dankeschön die Ergebnisse der Studie von der Hochschule Offenburg erhalten.

1. (V1) Welche Absatzkanäle werden von Ihrem Unternehmen genutzt? (Mehrfachantworten sind möglich) [Int: Antwortmöglichkeiten bitte vorlesen.]
☐ (1) Onlineshop
☐ (2) Stationärer Handel
☐ (3) Katalogversand
☐ (8) Sonstige Kanäle und
  zwar:_____
☐ (9) Weiß nicht/keine Angabe

Progr.: Falls nur ein Kanal genannt wird oder „Weiß nicht/keine Angabe", dann Screen-Out.

2. (V2) Welche Multi-Channel-Leistungen bieten Sie Ihren Kunden? Wie ist das mit…

Multi-Channel-Leistungen		Ja	Nein
		1	2
A) Online-Verfügbarkeitsabfrage bezüglich des aktuellen Bestands im Laden			
B) Online-Reservierung von Artikeln aus dem aktuellen Bestand im Laden (Check & Reserve)			
C) Online-Warenkorb zusammenstellen, später Abholung an einem Abholpunkt (Click & Collect bzw. Instore Pickup)			
D) Fachberatung im Geschäft online buchen			
E) Online-Code (zum späteren Abruf im Webshop) nach Beratung im Laden			
F) Rabatt offline erhalten & online einlösen			
G) Rabatt online erhalten & offline einlösen			
H) Retoure im Ladengeschäft nach Online- oder Ladenkauf			
I) Postalische Retoure an Zentrale nach Online- oder Ladenkauf			
J) Retoure durch Abholung von zu Hause nach Online- oder Ladenkauf			

3. (V3) Auf einer Skala von 1 „sehr wichtig" bis 5 „überhaupt nicht wichtig", wie wichtig sind Ihnen in Ihrem Unternehmen die folgenden mit dem Multi-Channel-Handel verbundenen Ziele?

	Sehr wichtig				Überhaupt nicht wichtig	(Weiß nicht/ keine Angabe)
	1	2	3	4	5	9
A) Erschließung neuer Käufergruppen	☐	☐	☐	☐	☐	☐
B) Steigerung der Kundenbindung	☐	☐	☐	☐	☐	☐
C) Erhöhung des Kundenwertes	☐	☐	☐	☐	☐	☐
D) Verbesserung des Unternehmensimages	☐	☐	☐	☐	☐	☐
E) Profilierung gegenüber der Konkurrenz	☐	☐	☐	☐	☐	☐
F) Steigerung der Marktabdeckung	☐	☐	☐	☐	☐	☐
G) Steigerung der Profitabilität	☐	☐	☐	☐	☐	☐

Progr: Items rotieren lassen

4. (V4) Kommen wir nun zu den strategischen Optionen des Multi-Channel-Managements. Ich werde Ihnen drei mögliche Ansätze beschreiben. Geben Sie bitte an, welchen der Ansätze Ihr Unternehmen aktuell verfolgt. Sollten die Beschreibungen der jeweiligen strategischen Ansätze nicht vollumfänglich auf Ihr Unternehmen zutreffen, so geben Sie bitte die Variante an, die der Strategie Ihres Unternehmens am ehesten entspricht. [Int.: „Weiß nicht/keine Angabe" nur in Ausnahmefällen verwenden!]

Fokussierter Ansatz <ul><li>einzelne Absatzkanäle operieren getrennt voneinander und werden kaum koordiniert</li><li>unterschiedliche Kundenansprache in den Kanälen</li><li>nur geringe Ausschöpfung von Synergien</li></ul>	☐
Integrierter Ansatz <ul><li>vollständige Koordination und Abstimmung der Kanäle untereinander</li><li>Aufgaben und Rollen der einzelnen Kanäle sind klar abgegrenzt</li><li>Warenwirtschaftssysteme und Informationssysteme arbeiten kanalübergreifend</li><li>größtmögliche Ausschöpfung von Synergien und Cross-Selling-Potenzialen</li></ul>	☐
Hybrider Ansatz <ul><li>Kanäle mehr oder weniger lose miteinander verbunden, koordinieren hauptsächlich ihre Kundenansprache</li><li>Warenwirtschaftssysteme und CRM-Systeme arbeiten weitgehend separiert</li><li>Markengestaltung harmonisiert, Synergien werden nur ansatzweise ausgeschöpft</li></ul>	☐
Weiß nicht/keine Angabe	☐

5. (V5) Nun zum Themenkomplex Controlling und IT in Bezug auf das Multi-Channel-Management: Inwiefern stimmen Sie folgenden Aspekten zu auf einer Skala von 1 „trifft voll und ganz zu" bis 5 „trifft überhaupt nicht zu"?

	Trifft voll und ganz zu 1	2	3	4	Trifft überhaupt nicht zu 5	(Weiß nicht/ keine Angabe) 9
A) Unser Unternehmen führt eine kanalübergreifende Prozesskostenrechnung durch	☐	☐	☐	☐	☐	☐
B) Unser Unternehmen führt eine kanalübergreifende Kundendeckungsbeitragsrechnung durch	☐	☐	☐	☐	☐	☐
C) Neben den Finanzkennzahlen werden auch andere für den Geschäftserfolg des Multi-Channel-Systems relevante Dimensionen bewertet, wie Risikokennzahlen	☐	☐	☐	☐	☐	☐
D) Aktuelle kanalübergreifende Kennzahlen für Entscheidungsträger stehen zeitnah zur Verfügung, so dass wichtige Maßnahmen zur richtigen Zeit eingeleitet werden können	☐	☐	☐	☐	☐	☐
E) Unser Kennzahlensystem gewährleistet die Vereinbarkeit von Leistungszielen und -anreizen in den Kanälen mit der Multi-Channel-Strategie des Unternehmens	☐	☐	☐	☐	☐	☐
F) Die strategische Planung findet zentral, also kanalübergreifend statt	☐	☐	☐	☐	☐	☐
G) Die Gewinn-/Rentabilitätsrechnung findet kanalübergreifend statt	☐	☐	☐	☐	☐	☐
H) Die Finanz-/ Investitionsplanung findet zentral, also kanalübergreifend, statt	☐	☐	☐	☐	☐	☐
I) Die Budgetplanung findet kanalübergreifend statt	☐	☐	☐	☐	☐	☐
J) Das Controlling findet kanalübergreifend statt	☐	☐	☐	☐	☐	☐
K) Die Inanspruchnahme des Channel-Hopping (Inanspruchnahme unterschiedlicher Kanäle während des Kaufprozesses) wird zentral gemessen	☐	☐	☐	☐	☐	☐
L) Unser Unternehmen nutzt kanalübergreifend ein Warenwirtschaftssystem	☐	☐	☐	☐	☐	☐
M) Unser Unternehmen arbeitet kanalübergreifend mit einheitlichen Artikelstammdaten	☐	☐	☐	☐	☐	☐
N) Unser Unternehmen arbeitet kanalübergreifend mit einheitlichen Kundenstammdaten	☐	☐	☐	☐	☐	☐
O) Es erfolgt eine einheitliche Datenpflege über alle Kanäle	☐	☐	☐	☐	☐	☐

Progr: Items rotieren lassen

6. (V6) Wie intensiv nutzen Sie die folgenden Controllinginstrumente auf einer Skala von 1 „sehr intensiv" bis 5 „überhaupt nicht intensiv"?

	Sehr intensiv				Überhaupt nicht intensiv	(Weiß nicht/ keine Angabe)
	1	2	3	4	5	9
A) Regelmäßige Berichte über Gewinn/Rentabilität aus den einzelnen Kanälen	☐	☐	☐	☐	☐	☐
B) Regelmäßige Finanz- und Investitionsberichte aus den einzelnen Kanälen	☐	☐	☐	☐	☐	☐
C) Regelmäßige Berichte über Human Resources aus den einzelnen Kanälen	☐	☐	☐	☐	☐	☐
D) Regelmäßige Berichte über die zukünftige kanalspezifische Marktentwicklung	☐	☐	☐	☐	☐	☐

Progr: Items rotieren lassen

7. (V7) Nun zum Themenkomplex Personal: Inwiefern treffen die folgenden Aspekte auf Ihr Unternehmen zu auf einer Skala von 1 „trifft voll und ganz zu" bis 5 „trifft überhaupt nicht zu"?

	Trifft voll und ganz zu 1	2	3	4	Trifft überhaupt nicht zu 5	(Weiß nicht/ keine Angabe) 9
A) Es besteht eine kanalübergreifende Führungskultur	☐	☐	☐	☐	☐	☐
B) Die Personalauswahl findet standardisiert über alle Kanäle hinweg statt	☐	☐	☐	☐	☐	☐
C) Die Personalbeurteilung findet standardisiert über alle Kanäle hinweg statt	☐	☐	☐	☐	☐	☐
D) Die Personalentwicklung findet standardisiert über alle Kanäle hinweg statt	☐	☐	☐	☐	☐	☐
E) Es gibt einheitliche, standardisierte Anreizsysteme für die Mitarbeiter in allen Kanälen	☐	☐	☐	☐	☐	☐
F) Es gibt Prämiensysteme, die Anreize für die Mitarbeiter setzen, das Channel-Hopping der Kunden zu forcieren	☐	☐	☐	☐	☐	☐
G) Die interne Kommunikation findet kanalübergreifend statt	☐	☐	☐	☐	☐	☐
H) Die Beurteilungssysteme werden kanalübergreifend erstellt	☐	☐	☐	☐	☐	☐
I) Das Führungsleitbild wird für alle Kanäle erstellt	☐	☐	☐	☐	☐	☐
J) Der Recruiting-Prozess erfolgt kanalübergreifend	☐	☐	☐	☐	☐	☐

Progr: Items rotieren lassen

8. (V8) Wie ist Ihr Unternehmen hinsichtlich der Einbindung der unterschiedlichen Kanäle organisiert? Geben Sie bitte an, welchen der organisatorischen Ansätze Ihr Unternehmen aktuell verfolgt. Sollten die Beschreibungen der jeweiligen Ansätze nicht vollumfänglich auf Ihr Unternehmen zutreffen, so geben Sie bitte die Variante an, die der Realität Ihres Unternehmens am ehesten entspricht. [Int.: „Weiß nicht/keine Angabe" nur in Ausnahmefällen verwenden!]

Funktionale Organisation • einzelne Absatzkanäle (Internet, stationäre Einheiten, Katalog) sind nicht in gesonderten Einheiten organisiert • Aufgaben für die einzelnen Kanäle werden von funktionalen Abteilungen (Einkauf, Logistik, Vertrieb etc.) mit übernommen	☐
Divisionale Organisation • eigenständige ergebnisverantwortliche Organisationseinheiten für die einzelnen Kanäle • funktionale Abteilungen (Einkauf, Logistik, Vertrieb etc.) übernehmen innerhalb der Divisionen für die unterschiedlichen Kanäle die kanalspezifischen Aufgaben	☐
Matrixorganisation • Unternehmen sind als Matrix mit einerseits Funktionsverantwortung und andererseits Profitcenterverantwortung für die einzelnen Kanäle organisiert	☐
Weiß nicht/keine Angabe	☐

9. (V9) Wie intensiv setzen Sie die folgenden sekundärorganisatorischen Steuerungsinstrumente ein auf einer Skala von 1 „sehr intensiv" bis 5 „überhaupt nicht intensiv"?

	Sehr intensiv 1	2	3	4	Überhaupt nicht intensiv 5	(Weiß nicht/ keine Angabe) 9
A) Projektteams mit kanalübergreifender Besetzung	☐	☐	☐	☐	☐	☐
B) Kanalübergreifend zusammengesetzte Arbeitsgruppen	☐	☐	☐	☐	☐	☐
C) Kanalübergreifende Erfahrungsaustauschgruppen	☐	☐	☐	☐	☐	☐
D) Bewusste Nutzung der Kultur als Steuerungsinstrument	☐	☐	☐	☐	☐	☐
E) Entwicklung spezifischer Kulturen in den einzelnen Kanälen	☐	☐	☐	☐	☐	☐
F) Direkte Kommunikation der Mitarbeiter der Kanäle miteinander	☐	☐	☐	☐	☐	☐
G) Kanalübergreifende Konfliktbewältigung	☐	☐	☐	☐	☐	☐

Progr: Items rotieren lassen

10. (V10) Beschäftigen wir uns nun mit der Formalisierung in Ihrem Unternehmen. Wie intensiv sind die folgenden Aspekte in den einzelnen Kanälen ausgeprägt auf einer Skala von 1 „sehr intensiv" bis 5 „überhaupt nicht intensiv"?

	Sehr intensiv				Überhaupt nicht intensiv	(Weiß nicht/ keine Angabe)
	1	2	3	4	5	9
A) Planungsprozesse und -inhalte sind detailliert schriftlich fixiert	☐	☐	☐	☐	☐	☐
B) Mittelfristige Entwicklungspläne sind schriftlich vorhanden (3 Jahre)	☐	☐	☐	☐	☐	☐
C) Controllingtools sind in allen Kanälen gleich detailliert schriftlich fixiert	☐	☐	☐	☐	☐	☐
D) Formal/schriftlich fixierte Organisationsmaßnahmen	☐	☐	☐	☐	☐	☐

Progr: Items rotieren lassen

11. (V11) Wir bitten Sie nun, Ihr Multi-Channel-System hinsichtlich strategischer Beschaffungsaspekte einzuschätzen. Wie stark unterscheiden sich die folgenden Aspekte in den einzelnen Kanälen voneinander auf einer Skala von 1 „unterscheiden sich sehr stark" bis 5 „unterscheiden sich überhaupt nicht stark"?

	Unterscheiden sich sehr stark 1	2	3	4	Unterscheiden sich überhaupt nicht stark 5	(Weiß nicht/keine Angabe) 9
A) Die Komplexität des Beschaffungsmarktes/der Beschaffungsmärkte	☐	☐	☐	☐	☐	☐
B) Das Beschaffungsrisiko	☐	☐	☐	☐	☐	☐
C) Die Marktmacht der Lieferanten	☐	☐	☐	☐	☐	☐
D) Die strategische Position des Unternehmens auf dem Beschaffungsmarkt/den Beschaffungsmärkten	☐	☐	☐	☐	☐	☐
E) Die Lieferantenanzahl auf dem Beschaffungsmarkt/den Beschaffungsmärkten	☐	☐	☐	☐	☐	☐

Progr: Items rotieren lassen

12. (V12) Nachfolgend nenne ich Ihnen einige Aussagen zur Beschaffung in Multi-Channel-Systemen. Inwieweit stimmen Sie folgenden Aspekten zu auf einer Skala von 1 „trifft voll und ganz zu" bis 5 „trifft überhaupt nicht zu"?

	Trifft voll und ganz zu				Trifft überhaupt nicht zu	(Weiß nicht/ keine Angabe)
	1	2	3	4	5	9
A) Es gibt unterschiedliche Beschaffungsmärkte für die einzelnen Kanäle	☐	☐	☐	☐	☐	☐
B) Zur Auswahl der Beschaffungsmärkte wird eine standardisierte strategische Vorgehensweise genutzt	☐	☐	☐	☐	☐	☐
C) Es findet eine kanalübergreifende Beschaffungsmarktforschung statt	☐	☐	☐	☐	☐	☐
D) Es werden einheitliche Methoden bei der Beschaffungsmarktanalyse für alle Kanäle eingesetzt	☐	☐	☐	☐	☐	☐
E) Bei der Suche von Neulieferanten für alle Kanäle werden gemeinsame strategische Auswahlkriterien angewandt	☐	☐	☐	☐	☐	☐
F) Es existiert eine gemeinsame standardisierte Lieferantenbewertung für alle Kanäle	☐	☐	☐	☐	☐	☐
G) Es werden kanalübergreifende Lieferantenbewertungen erstellt	☐	☐	☐	☐	☐	☐
H) Es werden kanalübergreifend die gleichen Beschaffungsziele verfolgt	☐	☐	☐	☐	☐	☐
I) Es werden kanalübergreifend die gleichen Beschaffungsstrategien verfolgt	☐	☐	☐	☐	☐	☐
J) Es existiert ein kanalübergreifender strategischer Einkauf für alle Kanäle	☐	☐	☐	☐	☐	☐
K) Die Bedarfsplanung wird kanalübergreifend durchgeführt	☐	☐	☐	☐	☐	☐
L) Die Bedarfs- und Bestandsplanung (das IT- und Informationssystem) von allen Kanälen ist miteinander verknüpft und es wird ein integriertes System verwendet	☐	☐	☐	☐	☐	☐

Progr: Items rotieren lassen

13. (V13) Kommen wir nun zu der Ausgestaltung der Logistik in Multi-Channel-Systemen. Inwieweit treffen die folgenden Aspekte auf Ihr Unternehmen zu auf einer Skala von 1 „trifft voll und ganz zu" bis 5 „trifft überhaupt nicht zu"?

	Trifft voll und ganz zu				Trifft überhaupt nicht zu	(Weiß nicht/ keine Angabe)
	1	2	3	4	5	9
A) Für die verschiedenen Distributionskanäle wird ein integriertes Bestandsmanagement betrieben	☐	☐	☐	☐	☐	☐
B) Die Wareneingänge für die verschiedenen Distributionskanäle werden im selben Verteilzentrum angeliefert	☐	☐	☐	☐	☐	☐
C) Die logistische Abwicklung der verschiedenen Absatzkanäle wird in einem gemeinsamen Lagerbereich getätigt	☐	☐	☐	☐	☐	☐
D) Für die verschiedenen Distributionskanäle wird eine kanalübergreifende Kommissionierung betrieben	☐	☐	☐	☐	☐	☐
E) Aufgrund der abweichenden Sendungsgrößen von Filialbelieferungen und Kundenbelieferungen für jeden Distributionskanal gibt es separate Palettenstellplätze für identische Ware, um diese leichter kommissionieren zu können	☐	☐	☐	☐	☐	☐
F) Für die verschiedenen Distributionskanäle wird ein integriertes Retourenmanagement betrieben	☐	☐	☐	☐	☐	☐
G) Es wird eine kanalübergreifende Wareneingangskontrolle betrieben	☐	☐	☐	☐	☐	☐
H) Es wird eine kanalübergreifende Qualitätsprüfung betrieben	☐	☐	☐	☐	☐	☐
I) Es erfolgt eine kanalübergreifende innerbetriebliche Transportabwicklung	☐	☐	☐	☐	☐	☐
J) Es existiert eine kanalübergreifend agierende Verpackungsabteilung	☐	☐	☐	☐	☐	☐
K) Es existiert eine kanalübergreifend agierende Versandabteilung	☐	☐	☐	☐	☐	☐

Progr: Items rotieren lassen

14. (V14) Welche Markenstrategie betreibt Ihr Unternehmen in Bezug auf die unterschiedlichen Kanäle? Geben Sie bitte an, welche Markenstrategie Ihr Unternehmen aktuell verfolgt. Sollten die Beschreibungen der jeweiligen Ansätze nicht vollumfänglich auf Ihr Unternehmen zutreffen, so geben Sie bitte die Variante an, die der Realität Ihres Unternehmens am ehesten entspricht. [Int.: „Weiß nicht/keine Angabe" nur in Ausnahmefällen verwenden!]

Integrierte Markenstrategie • Integriertes Markenmanagement der Kanäle unter einer Marke • Einheitliche Kommunikation und Umsetzen des Markenversprechens • Markenpositionierung spiegelt sich in allen Kanälen wider	☐
Kombinierte Markenstrategie • Verbindung vorhandener Markenelemente der Kernmarke mit internetspezifischen Bestandteilen zu einer kombinierten Marke (z.B. edeka24) • Unterstreichung Eigenständigkeit und Unabhängigkeit der Kanäle	☐
Isolierte Markenstrategie • Ansprache verschiedener Zielgruppen und bewusste Vermeidung jeglicher Assoziationen zwischen den Kanälen • Unterschiedliche Markenpositionierungen	☐
Weiß nicht/keine Angabe	☐

15. (V15) Kommen wir nun zur Ausgestaltung des Marketings im Multi-Channel-Handel. Wie kanalübergreifend standardisiert werden die nachfolgend aufgeführten Marketing-Instrumente eingesetzt auf einer Skala von 1 „vollkommen standardisiert" bis 5 „überhaupt nicht standardisiert"?

	Vollkommen standardisiert 1	2	3	4	Überhaupt nicht standardisiert 5	(Weiß nicht/keine Angabe) 9
A) Sortimentspolitik	☐	☐	☐	☐	☐	☐
B) Preispolitik	☐	☐	☐	☐	☐	☐
C) Servicepolitik	☐	☐	☐	☐	☐	☐
D) Kommunikationspolitik	☐	☐	☐	☐	☐	☐
E) Kundenpolitik	☐	☐	☐	☐	☐	☐

Progr: Items rotieren lassen

16. (V16) Kommen wir nun zu Marketing-Prozessen: Inwiefern treffen die folgenden Aspekte auf Ihr Unternehmen zu auf einer Skala von 1 „trifft voll und ganz zu" bis 5 „trifft überhaupt nicht zu"?

	Trifft voll und ganz zu 1	2	3	4	Trifft überhaupt nicht zu 5	(Weiß nicht/keine Angabe) 9
A) Prozess der Sortimentsgestaltung erfolgt kanalübergreifend	☐	☐	☐	☐	☐	☐
B) Prozess der Preisgestaltung erfolgt kanalübergreifend	☐	☐	☐	☐	☐	☐
C) Prozess der Werbegestaltung und -schaltung erfolgt kanalübergreifend	☐	☐	☐	☐	☐	☐
D) Verkaufsförderungsprozesse erfolgen kanalübergreifend	☐	☐	☐	☐	☐	☐
E) Trend- und Marktanalysen werden kanalübergreifend vorgenommen	☐	☐	☐	☐	☐	☐
F) Kundenbindungsmaßnahmen (CRM) erfolgen kanalübergreifend	☐	☐	☐	☐	☐	☐
G) Kundenservice-Prozesse werden kanalübergreifend vorgenommen	☐	☐	☐	☐	☐	☐
H) Marketing-Erfolgsmessung erfolgt kanalübergreifend	☐	☐	☐	☐	☐	☐

Progr: Items rotieren lassen

17. (V17) Nun wenden wir uns dem Erfolg Ihres Unternehmens zu. Wie erfolgreich waren Sie im Jahresdurchschnitt der letzten drei Jahre? Schätzen Sie den Erfolg der folgenden Aspekte bitte prozentual ein. [Int.: Falls Befragtem Einschätzung schwer fällt, bitte Antwortmöglichkeiten vorlesen.]

	Rückgang/ konstant	Anstieg von im Durchschnitt jährlich bis zu 3 Prozent	Anstieg von im Durchschnitt jährlich mehr als 3 bis 5 Prozent	Anstieg von im Durchschnitt jährlich mehr als 5 Prozent bis 10 Prozent	Anstieg von im Durchschnitt jährlich mehr als 10 Prozent	(Weiß nicht/keine Angabe)
	1	2	3	4	5	9
A) Umsatzentwicklung	☐	☐	☐	☐	☐	☐
B) Entwicklung der Gesamtkapital-Rentabilität	☐	☐	☐	☐	☐	☐
C) Entwicklung des Marktanteils	☐	☐	☐	☐	☐	☐

Progr: Items rotieren lassen

18. Wie zufrieden sind Sie mit der Geschäftsentwicklung Ihres Multi-Channel-Systems auf einer Skala von 1 „sehr zufrieden" bis 5 „sehr unzufrieden"?
    ☐ 1 (sehr zufrieden)
    ☐ 2 (zufrieden)
    ☐ 3 (weder zufrieden noch unzufrieden)
    ☐ 4 (unzufrieden)
    ☐ 5 (sehr unzufrieden)
    ☐ 9 (Weiß nicht/keine Angabe)

18. (V19) Inwieweit hat Ihr Unternehmen die folgenden, mit dem Multi-Channel-Handel verbundenen Ziele erreicht auf einer Skala von 1 „voll und ganz erreicht" bis 5 „überhaupt nicht erreicht"?

	Voll und ganz erreicht 1	2	3	4	Überhaupt nicht erreicht 5	(Weiß nicht/keine Angabe) 9
A) Erschließung neuer Käufergruppen	☐	☐	☐	☐	☐	☐
B) Steigerung der Kundenbindung	☐	☐	☐	☐	☐	☐
C) Erhöhung des Kundenwertes	☐	☐	☐	☐	☐	☐
D) Verbesserung des Unternehmensimages	☐	☐	☐	☐	☐	☐
E) Profilierung gegenüber der Konkurrenz	☐	☐	☐	☐	☐	☐
F) Steigerung der Marktabdeckung	☐	☐	☐	☐	☐	☐
G) Steigerung der Profitabilität	☐	☐	☐	☐	☐	☐

Progr: Items rotieren lassen

20. Zum Abschluss bitten wir Sie noch um einige statistische Angaben zu Ihrem Unternehmen:
Welcher Handelsbranche gehört Ihr Unternehmen an?
- ☐ (01) Lebensmittelhandel
- ☐ (02) Bekleidungshandel
- ☐ (03) Handel mit Glas/Porzellan/Keramik
- ☐ (04) Handel mit Heim- und Haustextilien
- ☐ (05) Schuhhandel
- ☐ (06) Buchhandel
- ☐ (07) Sporthandel
- ☐ (08) Do-it-yourself
- ☐ (09) Handel mit Geräten der Informations- und Kommunikationstechnik
- ☐ (10) Handel mit Spielwaren
- ☐ (88) Sonstige und zwar:_____
- ☐ (99) (Weiß nicht/keine Angabe)

21. Wie viele Mitarbeiter beschäftigt Ihr Unternehmen?
- ☐ (1) bis 9 Mitarbeiter
- ☐ (2) 10 bis 49 Mitarbeiter
- ☐ (3) 50 bis 99 Mitarbeiter
- ☐ (4) 100 bis 499 Mitarbeiter
- ☐ (5) 500 bis 999 Mitarbeiter
- ☐ (6) 1000 bis 4999 Mitarbeiter
- ☐ (7) 5000 und mehr Mitarbeiter
- ☐ (9) (Weiß nicht/keine Angabe)

22. Wie hoch ist der Nettojahresumsatz Ihres Unternehmens?
    [INT.: 1 Million bis zu 2 Millionen Euro bedeutet 1 Million bis inklusive 1.999.999 Euro]
    ☐ (01) bis zu 1 Million Euro
    ☐ (02) 1 Million Euro bis zu 2 Millionen Euro
    ☐ (03) 2 Millionen bis zu 5 Millionen Euro
    ☐ (04) 5 Millionen bis zu 10 Millionen Euro
    ☐ (05) 10 Millionen Euro bis zu 50 Millionen Euro
    ☐ (06) 50 Millionen bis zu 100 Millionen Euro
    ☐ (07) 100 Millionen bis zu 500 Millionen Euro
    ☐ (08) 500 Millionen bis zu 1 Milliarde Euro
    ☐ (09) 1 Milliarde und mehr Euro
    ☐ (99) (Weiß nicht/keine Angabe)

23. Falls Sie Interesse an den Studienergebnissen haben, so würden wir nun Ihre Daten aufnehmen, damit Ihnen im Nachgang die Ergebnisse zugeschickt werden können. [INT.: Das ist keine Datenweitergabe. Die individuellen Befragungsdaten des Befragten bleiben vollkommen anonym.]

    ☐ (01) Ansprechpartner hat Interesse an Ergebnissen und ist bereit seine Daten zu nennen
    ☐ (02) Ansprechpartner hat kein Interesse oder möchte Daten nicht herausgeben

    Ich bedanke mich im Namen der Hochschule Offenburg für Ihre Bereitschaft zur Teilnahme an dieser Befragung. Ich wünsche Ihnen noch einen angenehmen Tag!

Bildung der Integrationsindizes

Der **Controllingindex** wurde aus folgenden Items gebildet:
- Aktuelle kanalübergreifende Kennzahlen für Entscheidungsträger stehen zeitnah zur Verfügung, so dass wichtige Maßnahmen zur richtigen Zeit eingeleitet werden können.
- Unser Kennzahlensystem gewährleistet die Vereinbarkeit von Leistungszielen und -anreizen in den Kanälen mit der Multi-Channel-Strategie des Unternehmens.
- Die strategische Planung findet zentral, also kanalübergreifend statt.
- Die Gewinn-/Rentabilitätsrechnung findet kanalübergreifend statt.
- Die Finanz-/Investitionsplanung findet zentral, also kanalübergreifend, statt.
- Die Budgetplanung findet kanalübergreifend statt.
- Das Controlling findet kanalübergreifend statt.
- Die Inanspruchnahme des Channel-Hopping wird zentral gemessen.

Der **IT-Integrationsindex** wurde aus folgenden Items gebildet:
- Unser Unternehmen nutzt kanalübergreifend ein Warenwirtschaftssystem.
- Unser Unternehmen arbeitet kanalübergreifend mit einheitlichen Artikelstammdaten.
- Unser Unternehmen arbeitet kanalübergreifend mit einheitlichen Kundenstammdaten.
- Es erfolgt eine einheitliche Datenpflege über alle Kanäle.

Der **Personalintegrationsindex** wurde aus folgenden Items gebildet:
- Es besteht eine kanalübergreifende Führungskultur.
- Die Personalauswahl findet standardisiert über alle Kanäle hinweg statt.
- Die Personalbeurteilung findet standardisiert über alle Kanäle hinweg statt.
- Die Personalentwicklung findet standardisiert über alle Kanäle hinweg statt.
- Es gibt einheitliche, standardisierte Anreizsysteme für die Mitarbeiter in allen Kanälen.
- Es gibt Prämiensysteme, die Anreize für die Mitarbeiter setzen, das Channel-Hopping der Kunden zu forcieren.
- Die interne Kommunikation findet kanalübergreifend statt.
- Die Beurteilungssysteme werden kanalübergreifend erstellt.
- Das Führungsleitbild wird für alle Kanäle erstellt.
- Der Recruiting-Prozess erfolgt kanalübergreifend.

Der **Intensitätsindex zum Einsatz sekundärorganisatorischer Maßnahmen** wurde aus folgenden Items gebildet:
- Projektteams mit kanalübergreifender Besetzung
- Kanalübergreifend zusammengesetzte Arbeitsgruppen
- Kanalübergreifende Erfahrungsaustauschgruppen
- Bewusste Nutzung der Kultur als Steuerungsinstrument
- Entwicklung spezifischer Kulturen in den einzelnen Kanälen
- Direkte Kommunikation der Mitarbeiter der Kanäle miteinander
- Kanalübergreifende Konfliktbewältigung

Der **Beschaffungsintegrationsindex** wurde aus folgenden Items gebildet:
- Zur Auswahl der Beschaffungsmärkte wird eine standardisierte strategische Vorgehensweise genutzt.
- Es findet eine kanalübergreifende Beschaffungsmarktforschung statt.
- Es werden einheitliche Methoden bei der Beschaffungsmarktanalyse für alle Kanäle eingesetzt.
- Bei der Suche von Neulieferanten für alle Kanäle werden gemeinsame strategische Auswahlkriterien angewandt.
- Es existiert eine gemeinsame standardisierte Lieferantenbewertung für alle Kanäle.
- Es werden kanalübergreifende Lieferantenbewertungen erstellt.
- Es werden kanalübergreifend die gleichen Beschaffungsziele verfolgt.
- Es werden kanalübergreifend die gleichen Beschaffungsstrategien verfolgt.
- Es existiert ein kanalübergreifender strategischer Einkauf für alle Kanäle.
- Die Bedarfsplanung wird kanalübergreifend durchgeführt.
- Die Bedarfs- und Bestandsplanung von allen Kanälen ist miteinander verknüpft und es wird ein integriertes System verwendet.

Der **Logistikintegrationsindex** wurde aus folgenden Items gebildet:
- Für die verschiedenen Distributionskanäle wird ein integriertes Bestandsmanagement betrieben.
- Die Wareneingänge für die verschiedenen Distributionskanäle werden im selben Verteilzentrum angeliefert.
- Die logistische Abwicklung der verschiedenen Absatzkanäle wird in einem gemeinsamen Lagerbereich getätigt.
- Für die verschiedenen Distributionskanäle wird eine kanalübergreifende Kommissionierung betrieben.

- Für die verschiedenen Distributionskanäle wird ein integriertes Retourenmanagement betrieben.
- Es wird eine kanalübergreifende Wareneingangskontrolle betrieben.
- Es wird eine kanalübergreifende Qualitätsprüfung betrieben.
- Es erfolgt eine kanalübergreifende innerbetriebliche Transportabwicklung.
- Es existiert eine kanalübergreifend agierende Verpackungsabteilung.
- Es existiert eine kanalübergreifend agierende Versandabteilung.
- Es existiert eine kanalübergreifende logistische Leitung.
- Für die verschiedenen Absatzkanäle werden gemeinsame externe Logistikdienstleister beauftragt, die Teile der logistischen Abwicklung übernehmen.
- Für die verschiedenen Distributionskanäle wird ein einheitliches Warehouse Management System genutzt.

Der **Marketingstandardisierungsindex** wurde aus folgenden Items gebildet:
- Kanalübergreifende Standardisierung des Marketings - Sortimentspolitik
- Kanalübergreifende Standardisierung des Marketings - Preispolitik
- Kanalübergreifende Standardisierung des Marketings - Servicepolitik
- Kanalübergreifende Standardisierung des Marketings - Kommunikationspolitik
- Kanalübergreifende Standardisierung des Marketings - Kundenpolitik.

Der **Marketingprozessintegrationsindex** wurde aus folgenden Items gebildet:
- Prozess der Sortimentsgestaltung erfolgt kanalübergreifend.
- Prozess der Preisgestaltung erfolgt kanalübergreifend.
- Prozess der Werbegestaltung und -schaltung erfolgt kanalübergreifend.
- Verkaufsförderungsprozesse erfolgen kanalübergreifend.
- Trend- und Marktanalysen werden kanalübergreifend vorgenommen.
- Kundenbindungsmaßnahmen erfolgen kanalübergreifend.
- Kundenservice-Prozesse werden kanalübergreifend vorgenommen.
- Marketing-Erfolgsmessung erfolgt kanalübergreifend